張穎著

文學叢刊

身在何處都好修行

文史哲出版社印行

國家圖書館出版品預行編目資料

身在何處都好修行 / 張穎著. -- 初版. -- 臺北市：文史哲，民 97.11
頁： 公分. --（文學叢刊；210）
ISBN 978-957-549-825-2(平裝)

855　　97020804

文學叢刊 210

身在何處都好修行

著　者：張　穎
出版者：文史哲出版社
http://www.lapen.com.tw
e-mail：lapen@ms74.hinet.net
記證字號：行政院新聞局版臺業字五三三七號
發行人：彭　正　雄
發行所：文史哲出版社
印刷者：文史哲出版社
臺北市羅斯福路一段七十二巷四號
郵政劃撥帳號：一六一八〇一七五
電話886-2-23511028・傳真886-2-23965656

實價新臺幣三〇〇元

中華民國九十七年（2008）十一月初版

ISBN 978-957-549-825-2

身在何處都好修行

目次

我，學得了愛

這世間是有「愛」的。而且，「愛」還得學習。

因此，有人說——要懂得怎麼愛別人，先得學習，怎麼愛自己。要能愛自己，就必須先瞭解自己。換句話說，我們要愛「人」，必先瞭解「人」，而，瞭解人的先抉方法，就是瞭解自己、接受自己，愛自己，因爲自己就是個人——所謂的；人同此心，心同此理。

基於上述理由，於是——我，就試著想想，自己是什麼樣的一種人？——看過〈傲慢與徧見〉，覺得自己像書中女主角的那位自以爲了不起的表哥——說穿了，只不過是個「措大」而已——我，還不如人家呢；看過季德的〈僞幣制造者〉，又覺得自己是個十足的僞幣；看過〈紅樓夢〉，又感到像那其中——可與人群居終日，但人都與其言不及義的薛潘，不過——也不盡然像，因爲很少人願與我爲伍。然而，無論是誰都是不斷的成長、充實、改變的，我自己也不易瞭解自己，奧斯卡·威爾說的對：「只有膚淺的人才瞭解自己。」只不過，我個人覺得自己是——任何一個故事中的次級人物，二流角色罷了。朋友，您是否也想過自己是那種人？通常，人們都將人劃分爲絕對的好人，和絕對的壞人，自己則是絕對是好人。事實上——記得自己曾在〈少年維特的煩惱〉一書中，看到——「在朝天鼻與鷹鉤鼻之間還有著許多不同的調子」的句子；更記得高中時作過在黑色與白色之間另做八個不同明度的灰色的作業，而事實上在絕對的黑與白之間，何只八個不同明度的灰色，可以細分到百個、千個……調子——不只黑色與白色之間如此，其他任何色相的色彩都是有太多、太多……不同明度及彩度的調子——人，也一樣，各有各的好、壞程度，性格，以及特質。

而，一個眞正懂得如何愛別人的人，就要懂得如何保有及愛我們自己所愛之人原有的樣子。也就是令我們所愛的人保有原來的特質。

我們說使我們一個人的特質，不是說任由他好就好，壞就壞，並且好壞都愛。而是要積極助他將其好的一面特質表現出來，使我們所愛的人能夠充份發揮他的優點和與生俱有的特長；至於缺點，給予包容並幫他少顯露出來。

事實上——也是最主要的，每一個人——包括您、我都是希望得到旁人的注意及關懷——猶其是得到自己所喜歡的人的關懷、注意。畢竟，誰不希望討人喜歡和能夠與人建立良好的人際關係。

就個人體驗，一個不被人注意和關懷的人，除了感到表現良好時及地方，不被重視和發覺外；相對的，也有很多慶幸做錯事，不被發現的時候。

事實上，一個長處沒有充份發揮出來的人，相形之下短處和缺陷往往會顯得特別刺眼和容易被發現錯處，使得當事人覺得自己特別倒楣。如此，使得這類人更不長進。更難與人建立良好人際關係。

根據個人經驗，若要與人建立良好人際關係，外表給人的第一個印象很重要。說到這兒，我就想到兩件令自己很佩服的眞實事例。第一件事例，就是——曾記得好些年前在一本雜誌上看到——有位母親，把自己一個輕度智障的兒子打理的很整潔，使他不討人厭，能夠擁有良好的人際關係。使我看了好羨慕，因爲，整潔正是我從小所缺乏的。還記得另一件國外事例，在國外有這樣好的父母，將唐氏症的女兒，做了整容手術，使得外人看不出她是智障兒，除了使女兒的人際關係改善，也使得女兒學習成績跟上了應該是給「一般」學生的成績要求，由於老師不把她當智障兒教，使得自己女兒得以充分發揮了自己的學習潛能。感動之餘，不禁爲（鐘樓怪人）巴黎聖母院中的那個好敲鐘人感到辛酸，有誰意識到在他醜怪的外表下，有顆最美的心！

要與人建立良好人際關係，一般人除了外表，還請莫忘充實內容。最好還要擁有本事，一個人的本事也是一分顏色。朋友，不曉得您是否見過只注意外表的繡花枕頭？有的人就是開不得口。個人親身經歷，當面對一張整個大型的臉孔，耳朵就是不願聽他說話，情願聽廣播英文教學節目。（小吃店中廣播中教英文的聲音彷彿蓋去坐在自己對面的人說話聲）——其實他是我第一個相親對象。

其實個人以為世上的人無論內在外在都有他自己獨特的樣子，沒有必要將自己外表整成大衆所認為美的一定型式。除非您是如前面例子蒙古症（唐氏症）中的那種人；或者顏面發生意外，傷殘了；或，唇顎裂……非得有必要！否則，正如亨利・福特曾說的：「所有的福特汽車都一模一樣，但沒有兩個完全相同的人。陽光下的每一個新生命都是一件新鮮事；每一件事都是空前絕後。一位年輕人應該有這樣的想法，他應該尋找屬於個人的與衆不同的火花，而且，為此竭盡所能。社會和學校試圖消除此種特異之處，他們傾向於把我們放置於同樣鑄模中，但我卻說不要失去那點火花；那是你唯一眞正要求出人頭地的權利。」在現在這個世代，使每一個人保有自己特色，以及愛護自己及欣賞別人的特質，使每一個人像他們自己，正是一些專家、學者所一致讚成，提倡的。專家們以為，學校和社會都不應消除個人特質，我們又何必自己磨滅自己外表的與衆不同呢？

眞的，這世間有愛！雖然曾有位顧肇森先生說這世間所謂愛，只是生殖衝動。果眞如此？一個將人規格化的世界加上只有生殖衝動的世界，不就成了〈美麗的新世界〉一書中所描寫情景？此外，打個比方，我們人也愛父母，我就感受不到父母的一點性別；還有，我們也愛其他動物，就更不可能因生殖衝動……在宗教裡，宗教家愛人的心又該怎麼說？光一個人說沒愛這回事兒，但，有更多更多的人開課、寫書……教人怎麼去愛！

朋友，您相信嗎？這世間有愛！近一兩年來，就因為有人讓自己感覺到自己受到了關懷、注意，才使得自己特質得以發揮。我的長進與從前當了那麼久學生相比還要多得太多。朋友愛我，同時也使我發揮自己特長。成長後的我，感覺我還是原來的我。

眞的，世間有愛！最後我想用利奧・巴斯卡力所說的話做爲結束：

——當我們開始一種人際關係時要自問：我的心裡眞的想和這個人建立關係嗎？我所付出的關愛是有條件的嗎？我試圖逃避什麼嗎？我想改變這個人嗎？我需要這個人來幫助我彌補自身的缺陷嗎？如果以上答案都是肯定的，那麼，離這個人遠一點。他或她沒有你會更幸福。（爲他人好也是愛的表現）

感激大家幫忙

今夏我來回臺灣和大陸河南省兩趟，我行動不便需坐輪椅，單獨出遠門，首當其衝上、下飛機都要麻煩航空公司在機場的服務人員在飛機在跑道停好後，在其他旅客未上機前把我先推上飛機；下機時是在衆旅客下完機，服務人員再來推我下飛機，把我推到航站大廈等轉機（香港）或推出機場（桃園及鄭州機場）。尤其大陸的飛國內機小，走道窄，上、下機得換小輪椅；鄭州機場上、下機後沒有空橋，除了地上服務人員，甚至空服員等多人扶及抬才行；還有服務人員幫我到櫃檯辦手續；把我坐位號調向前坐，近機門出入較容易……等。

頭一趟回臺是兩個多月後，因爲由堂哥更改了兩次上機日期，所以我完全沒問題的上飛機，回臺辦私人事務手續和臺胞證的延期再去，在河南又住了一個多月才回來，本來整一個月就要回來，是因出了意外才多耽誤了兩、三天！

這個意外的原因是今年頭一回到大陸的回程請堂哥到義馬市區航空公司辦事處更改了兩次回程日期，所以在辦好臺胞證延期再去大陸前向旅行社小姐提及此事，小姐說臺胞證加延三個月，機票也暫定三月才回程，若在回程日期前想提前回來或改延後，再打電話給旅行社負責小姐，由她在電腦上更改日期就好，不過她又說我還得提前到服務檯做確定。在大陸將滿一月時我打了電話說我要在九月八日回臺，上機的前一晚我還特地翻開包包把護照、臺胞證和機票是否收好，當時我好像沒看見機票，於是翻一翻雜亂皮包其他格，找到一疊機票，我趕快把它和護照和臺胞證夾在一塊，還很得意的想：「還好我檢查了皮包……」後來一早到了鄭州機場，六點多，也找不到服務檯，也都還沒人上班，等到有人上班，親人直接送我通關，但負責小姐硬是不讓上機出境，說我的機票少了一張粉紅色單據，是已做廢的機票！爲此我及親友在機場把我手上提包內東西都倒出來，倒一地找，就是找不到那張已被撕去的什麼粉紅單，直到飛機飛走！那天因是星期天，我打臺灣負責的旅行社電話也因沒人上班，沒人接，親友中有人說我被旅行社坑了，單程票被當來回票賣……有人提議再回澠池；有人要我在鄭州等，親人回去籌錢再買機票……眞是亂烘烘！又過兩、三天我才得上機回臺。因此這篇文章我差點把「題目」要定爲：「土包子坐飛機，鬧笑話！」後來想除了此事件，來來回回幫助我的人很多，所以改爲：「感激大家幫忙」因爲需要大家幫忙；受到大家幫忙的地方太多，幫忙的人也多。

當天親人們替我決定先在鄭州機場附近的一家小旅館住下，由我堂哥回張馬嶺村家中籌錢再到義馬市航空公司服務站買票，或籌了錢後請一年輕親人直奔鄭州在機場直接買票上飛機。陪住親人越想越心有不甘，到了傍晚他跟旅社老闆聊天提及，老闆在當地開旅社，港、臺兩地旅人，國內外客人見過很多，也見過機票，跟航空公司門市也熟，親人把我的票和證件給他看，因已過下班時間，約好次日一早再一早到門市問，證實我那疊機票是之前舊票，而用電腦打字那張中英文對照的連年、月、日、時、哪家航空公司、哪班飛機都註明的紙，就是「電子機票」，有那張就能上飛機。而在此之前我一直以爲它只是如同火車時刻表的作用而已！且航空公司門市告訴旅社老闆和親人：看上頭日期還沒過期，還有效……。

於是週一上班後我也打電話回臺灣的定票旅行社的小姐，小姐接到電話劈頭就問：「你現在在哪兒？」我回：「我現在還在河南鄭州……」她慌張的答：「你怎麼還在大陸？你怎麼沒上飛機？」我告訴原委，她不知聽懂沒，只說：「你現在只要有班機就趕快上機回來！我這邊電腦已經 No show 了！快回來！……」。

於是當天下午親人帶我到機場航站大廈航空公司服務站解釋老半天，親人並說：「她（我）是殘疾人，應受照顧……等」人家搞懂沒我不知，只說：「我們只負責她到香港」，香港以後的路程只有請我再打電話回臺灣旅行社代辦小姐，我當場打給她，她告訴我老半天這個、那個訊息，告訴我幾點幾分哪公司哪班哪位子飛機，我記不住，連筆也來不及記，只記下了旅行社小姐重覆告知的到香港打航空公司某個英文字母加兩、三個數字就查的到的一組號碼。

於是我被安排在次日一早上飛機。上機前又導至了推輪椅的服務小姐和一名看入機場門的警衛吵架：「小姐要在上飛機時間未到前送我去上機；警衛說：『時間未到誰叫你們推她出這門？！』推輪椅小姐說：『按規定，她們這種不良於行的人本來就該先上飛機……』的你來我往的好一頓口角；當天還有用載輪椅上、下載旅客去搭機的交通車開來，我被數人搬上搬下的情況；好不容易到飛機前，因爲我完全不能自行走動，還是請旁的旅客先行上飛機，最後換寬梯子，由數名地勤人員和機上男空服員抬我上機，換小輪椅推到位置旁……」的搔動。這時我還沒發覺我的電子機票被沒收！到了香港用輪椅推我下機的小姐要替我辦轉機，才發覺沒了票，我把我記下的英文字母和數字號碼和護照、臺胞證交給她去櫃檯電腦上查，還是平安上機回臺了，只是到桃園機場找不到我的行李，我也沒有行李號碼牌，我在香港轉機下機時把手頭上所有紙頭都放在位置上！桃園機場服務人員只有推我到航空公司服務檯說了行李包模樣、型式及登記身份證字號、姓名、地址、電話，才又推我出機場搭計程車回家。

在計程上我才想到我沒向航空公司的人說明「機票」的事！也心想行李現不知還在鄭州？到香港？我想行李是找不回來了！隨行的舊輪椅只有再買新輪椅好了！……到家那天夜裡隱約有問我家住址的聲音，我想也許我聽錯了，我常在夜裡聽見些聲音……不多想！不想第二天一早電話響了，說我行李找到了，下午就送到家了。

我想我要感謝很多人的幫忙！也很感謝我大陸親人，還好我沒用到堂哥籌的機票錢，原封叫其他親人再帶回去了！

論「人性善惡，人禽之辨」之我見

空中大學的課業，又一個學期結束了。這學期有一科「中國哲學精神發展史」作業中出了一題孟、荀二子性善、性惡的比較，說到《孟子、離婁下》：「人之異於禽獸者幾希」時，我一時興起離了題！

個人認爲動物也被賦予有善端天性。印象中在我十幾二十歲時見過一則電視新聞：「非洲有一河馬從水中起身趕走獵小鹿的獅子」及前不久；有「一群獅子救了一名非洲被三、四名壞人綁至野外，企圖輪姦而一直啼哭之少女」；「一隻哈士奇犬救出被產於馬桶男嬰且舔乾淨嬰孩……」的新聞，不也是惻隱之心，仁之端也？還舉有些禽鳥如大雁、鴛鴦……這幾日才知企鵝也是、終身故定一伴侶，萬一失偶則獨身終身，不也禮之端也？烏鴉反哺，知道孝順也是禮之端不是嗎？中學那篇：「慈烏失其母……」文章難道騙人？……等等。

老師批：「動物沒有道德觀。」一時之間，我難以接受，認爲「融四歲，能讓梨」怎的老師就非得否認成年的狗兒有七歲人類兒童智商的動物的惻隱之心？而且牠救了個初生嬰孩！？事情就像人類小孩看到初生小貓、小狗一樣會撿起來「惜惜」，甚至撿回家要養；疼愛新生弟、妹……七歲孩童不也會嗎？而熊、大象、猩猩腦容量更大更聰明呢！以前就在課本讀過在泰、緬有大象替人運木材換錢買酒喝，日前新聞報導日本甚至大象表演書法；還有，就我知還有猩猩會人類手語，甚至按電腦拼字表達要什麼，會拼單字、組句子；也有六歲老鸚鵡會回答「兩把鑰匙有何不同？」答：「顏色。」而非只仿說……等。有動物學家觀察動物久了，甚至吃起素來——觀察黑猩猩的珍、古德。

當然，也有人會說：「也有狗咬傷小朋友的新聞呀！」個人認爲，第一、那狗和小朋友是生份的，才從工地帶回家；第二，小朋友不懂事拿根棍一直打狗玩，狗被激怒爲自我防衛而咬小朋友。如果是人會辯：「正當自我防衛」，狗不會說話，就被說成十惡不赦了。牛、馬也有七歲智商。只是被人用繩穿鼻牽著；用轡頭套著，耕田、拉車，騎乘、磨磨……沒一時休息。觀察不到牠們表現善端時。然而，不也有「馬善被人騎」這句話。

古人觀念一定對嗎？古人認爲「天圓地方」，後來知地球是圓的，都還認爲「天動」——是日、月、星辰繞著地球轉……。如今呢？

個人認爲有些有智商的動物，憑著天性，在牠們自身族群組織中個自展現他們敬重領袖（禮）、謀生（智）、疼愛幼仔（惻隱之心），分工合作（義）。——如狼群，獅群。

善端只是善端，還不到成爲「道德」的地步，只是動物們不會將其發揚光大成教條，發展道德教化、禮教……甚至成爲宗教教條。動物的一念之仁很薄弱，無法長期做到。而人類不同，好比我有一小學同學胡鴻鈞當初開始一念之仁每天送我回家，之後多少失去耐性，還是忍耐著做這件善事，多虧他忍我好久！又好比慈濟功德會；世紀展望會……等「持續」的在世界各地行善。還有，只有人懂得念書受教育使得智慧一直增長，從會寫、會算……一直到有人電腦工程師；有人物理、化學家；有人當作家寫作……還有，像我討論哲學。所以還是有「人禽之辨」，人會將善端發揚光大，而動物不會！

然而，世上眞有「善良天性」這回事嗎？您也可以說我舉的新聞第一例中，對獅子而言是河馬惡作劇、使壞使獅子吃不到小鹿，繼續餓肚子；第二例中，獅子只是對少女哭聲好奇使然……。

動物若無善端，人有嗎？話說，只有人類發展出道德、禮教、甚至宗教，但教條本身是出於善意嗎？有句話說：「多少罪惡假道德之名而爲之」好比，在我國古時要女子喪偶得守節，少年寡居不得改嫁，甚至守望門寡。就算免強改了嫁也良心不安，擔心將來泉下如何見亡夫？要分做兩半？記得魯迅寫的故事中就曾描寫（祥林嫂）。印度女子有喪夫得陪丈夫火喪習俗；非洲一些民族給女子行割禮，不但割去女子陰核，甚至大、小陰唇整個外陰，只叫能生孩子，不叫有任何欲念、快感！都是吃人禮教！完全失去由天性對伴侶難以忘情而有段時間難以接受新感情的原本情操……。

我想，我國古女子從宋朝起纏足雖由窅娘起始，也有很大部份原因是男人怕自己妻、妾跑了的心思在。

不禁想，能想出一些惡整人、吃人的禮教的心性會是性善的嗎？也許人和動物一樣都是自私自利、貪婪、殘忍……。所以禮教是一些既得利益者怕失去擁有的一切而製訂一些禮教要別人遵守，君王怕臣子不忠；男人怕女人背叛……人性本惡，其善者僞也——（人為教化成）。製定禮教、刑罰者心態有如虐童、虐貓者同一理由，要小孩、貓咪聽話！要別人成為我要的樣子，附屬於我！以及見人受苦的快感；排遣自己一時的脾氣，尤如卡通中胖虎打大雄。

也許人性本惡！人類是聰明的性惡者！

不必羨慕別人；也不要自怨自哀

曾經在電視某個宗教頻道，看到某位法師在說法中提及有次到美國弘法，美國有位法師的董事長級大老闆朋友，告訴法師說，他很羨慕他雇來替他開車的司機的生活，每次把他載到目的地之後司機就可以休息，不像他得很辛苦的開會、辦公、交待員工工作、約談生意、開發新產品、開發市場……勞心勞力的每天忙不完。

聽到此言，我當時想到的是這老闆，看到的只是自己的生活，至於別人的生活，並未能深入了解，看到只是表面。

我想，這位董事長的司機如果已有家室，心裡也許正愁著今早老婆告訴他，家中最大的孩子明天要繳補習費；老么幼稚園的學費；房租將到期……等的生活壓力。

或許這司機未婚，所以他正懊惱於某小姐令他死追不到；或沮喪於剛失戀；如果又老大不小，則擔心自己已漸近中年可能會成終生王老五……。

且不管已婚、未婚，除了自身及家小，難道不必把父母放在心上？尤其萬一父母有病時……。

而就算不計這司機生活中的煩惱。他是不用像他老闆一樣每天受案牘勞形，奔波不停；時而還會因事情不順利而忍不住動起氣來。但只是每天份內工作，除了開車接送老闆——事實上老闆的每天奔波全靠司機勞力勞心打起精神開車，而當老闆的一上車精神都是放鬆和休息的。和維持車子內外整潔的工作，都得小心益益才心。當司機的眞有那麼輕鬆嗎？

說到工作辛勞。也許有很多人都會羨慕不用外出工作的人。但以我爲例，誰了解我至今未能賺到過一毛錢奉養父母，如今媽媽已往生，自己還靠老爸養活的遺憾？而且自己沒工作的經濟壓力，除了吃飯外，一切都是奢侈品，更談不上享受。種種因素使我臨淵羨魚多年也退而結網多年。目前我在上空大，念過書的人一定都知道，念書不比工作輕鬆。更何況我擔心我可能會退而結上一輩子的網也撈不到所羨之魚！

再說到單身的煩惱。的確，甭說愛情，連性苦悶都無處排遣！但結了婚就一定能擁有夢寐的愛情和幸福嗎？想想從古多少帝王的后、妃；大戶人家的妻、妾苦守空閨。遠的不說，像我所看的最近剛結束的韓劇：明成皇后、十五成婚至十八歲，整整三年是獨守空閨的，且明成皇后三十之後至遇刺身亡的十來年並沒有再生養，可能又獨眠了。而作家綺君的母親也在三十之後丈夫討了姨太太進門後再也沒進過她的房門，三十之前呢？丈夫也經常在外。或者有人會說那是帝王還有其他後宮，丈夫還有其他妾的關係。但法國路易十六的瑪莉皇后又如何？也許有人會說因爲那是在從前、在古代，那現今的英國查理王子和黛安娜王妃情況又如何？尋常百姓的情況就不必舉例了。

此刻也許有人會說以上所舉都是女性不幸福的例子。男人結了婚就一定能擁有幸福嗎？不是的，據說晚情協會也有男人伸訴的案子。再不然看看報紙的社會版，有老婆外遇，幽會時把三歲幼女也帶在身邊；結婚八年，坐牢七年，五個孩子都不是自己生的；花了大筆金錢娶進印尼新娘並非處女（不打緊），又懷有六個月身孕（大不了當次現成爸爸），可是還患有梅毒，把病傳染給了自己……例子太多太多了。

我不敢說我不相信愛情，至少世上沒有那種生死相許眞愛不悔的愛情，也沒有王子跟公主結婚後從此就過著幸福快樂的生活，的事情。像梁祝電影的女主角樂蒂，大概就是演了「眞愛不悔」的故事後以爲眞實人生也該如此，一旦並非如此就想不開自殺了！若眞有生死相許的情，就不會有那麼多人離婚了；沒離婚的又有多少人成怨偶？要不也不會有婚姻是「金漆鳥籠」和「圍城」之說了！

我想大概也因爲如此，所以才會有徹悟之人選擇單身，甚至出家（不論哪一宗教）。

然而我……偏我就一如我未能賺一毛錢般無奈，我似乎沒有選擇不婚的可能；沒有選擇結婚對象的餘地；也沒有離婚的權力，夫妻間每月一次的約會大都在吵架中結束……眞是一言難盡！（最後還是離婚）

可是看別人的故事，看自己的故事，其中所謂的苦也都比上不足比下有餘。總之從王永慶到街頭遊民，所有的人都各有各的苦，各有各的難。看明成皇后十五至十八歲獨守空閨，想想那也沒什麼，想我在那年紀還沒有性意識呢！別人如何我是不知道，那時的我發育已完成，但沒性慾似的，只對將來或說愛情懷著憧憬，哪有守空閨的不幸感，現在大多數女孩這年紀不都還是學生？現在對於離婚前自己一月一次的約會卻又都不歡而散，對照於綺君的母親就不算什麼，至少我早過了三十歲，還有這一月之約，不像綺君母親一過三十，丈夫就再也沒進過她房；至少我雖過著離別少歡的日子，但卻不像綺君母親乃至有其他女人一般得「跟人公家尪婿（台語）」。其他我沒提到的事情也都一樣，看看別人，比比自己。

反正不會是我也輪不到我

前先天在東森新聞臺看到一則介紹一名新的配音員，林小姐，是配花田一路和櫻桃小丸子的配音員，是長相甜美、聲音可愛。或許是有人引誘我能否做些反應吧！

因爲先前有位馮小姐做過很稱職的櫻桃小丸子，同時她也是蠟筆小新的正港發言人，可以說蠟筆小新是她的代表作，現今的小新令人覺得難出馮小姐其右！而櫻桃小丸子在最早時就不只馮小姐，最早臺視小丸子另有其人配，衛視中文臺才是馮小姐，配得有很濃童音及滿多咬字不清的「臭奶呆」——至少可以肯定有一集小丸子和小玉同埋時空膠囊，小玉失約，小丸子一時生氣丟棄時空膠囊罐，事後後悔回頭找，找不回，見到小玉，哭得很傷心……那集就是馮小姐配的。馮小姐，聽說她遠嫁香港，所以小新已不是她配！然而我可以確定我在中國大陸播的某些卡通中聽到馮小姐聲音；臺灣九十六的卡通頻道也有她的聲音！

另外，這好些年來，常有報章有意無意介紹配音員，甚至近幾年更是有報導某位、某幾位明星被找去配某個卡通電影的新聞。

沒錯，我是很崇拜配音員，那是因爲我嚮往從事配音員的工作，希望自己清淅的口齒，及眞的很好的聲音能被人聽見，覺得配音的工作在卡通、電影、戲劇被播出時會有一份成就感。

是因緣際會？是人爲刻意的安排？有位聲音清亮的劉鵬傑先生以聲音陪伴了我多年，或者說好像陪了我多年。我從二十多歲起天天聽他廣播……而後我結了婚，十一年後我又離了婚！在三十一歲前，或者說結婚前，我對這偶像是有遐想，然而結婚後至今離婚後已然沒了，反覺自己感情是在前夫身上，畢竟和前夫曾同住一屋簷下；曾並肩同桌吃飯；也曾被前夫拉著手走在路上；甚至，而後他也幫我推過輪椅；搭坐過他的車；更生有一子……雖然後來我們多年都有名無實；後來許多事都變成我花錢買的！終究離婚，離婚後好長一段時間我還常在幌惚、隱約中見到前夫身影！對婚前的偶像，則漸漸沒有每天非聽他廣播，而後更曾中斷沒聽，也曾企圖恢復收聽，一來他已不天天播；二來節目頻道由ＦＭ換做ＡＭ；還有體力因素……終究還是沒能復聽他廣播！

只還改不掉籍著跟他寫信，向外界表達一些內心眞實感受。因我每每寫給他信的內容，都在隔天甚至寄出當晚，內容就好像被全世界知道了！（深夜聽見竊竊私語聲）

因此一直以來每年劉鵬傑先生生日我都設法表答祝福。但今年夏天從五月中旬就去了大陸，中間雖曾回臺兩週，曾想提早祝福，但再想，覺時候還早，等再回臺再說，不想再一去，到了九月十一日才再回臺，已過八月底，人家生日已過。我聽人說做生日、祝壽只能提前，不能事後補，只有等寄賀年卡時候到後再說明了！

也因每每寫給他信的內容……不止於此，我曾有的投稿、劇本……連空大作業都在隔天，甚至投寄出去的當晚，內容就好像被全世界都知道了！我有配音夢，但到如今我想已不可能了，那麼告訴我配哪個角色或人物音的是誰；哪位幕前明星又當了配音員，有意義嗎？如今甚至我的偶像配哪齣戲、哪部電影、卡通……又與我何干？又不會有人找我當配音員！和劉先生一塊配音更只是做夢！我退而求其次，寫作、投稿、學編劇……，我二十出頭開始閱讀，有二十年嘍……我上編劇班、英文補習班、念空大……積學以儲寶，加上歲月歷練、生活經驗，然而我筆下的東西，只要寄出當晚……不能說都被人掠美了，但，又是片語隻字滿天飛；又是被訂正錯別字；更甚或提及、看過的書都被找出來，拜托！從戰爭與和平、雙城記……翻到聊齋、紅樓夢，甚至從綺君、魯迅到張愛玲；到四書五經及我空大課本。不然退稿前登個程度比你高的碩、博士或教授文章來和你唱反調；來一份像是讀過我稿子；消化過的東西……等不一而定！我就是得不到天時、地利、人和！之所以形成如此局面，眞是小孩沒娘，說來話長。（爲啥非叫我信天主教？）

我知道我常稿子寫過長，且滿長時間都沒要求退稿，甚至要人不能採用就丟掉，再回首，覺得有太多東西都遺失了。我開始敝帚自珍，請求退稿好陣子，還是有些稿不見了，我決心不再向外寄任何稿，再寫新的東西加上挑些之前退稿，然後自費出書，賣得掉、夠本錢，多的我再行善，做公益，不然也算自我實現。

回想我為維持、挽回婚姻所做過的努力

最近我離婚了。我還是離婚了！

回想近十一年的「已婚歲月」，其實一開始就有問題。前夫性功能有障礙，在一起三個月我還是處女；在床上他也是自私的，不顧伴侶感受，只要求服務不提供服務；小氣，經濟大權一手掌握……。

但由於我自己條件——不良於行，身材矮胖。只有抱著認命態度，想如我之況，此生能有一次婚姻已難得，儘量配合，盡力服務，努力隱忍……不談細節，難以啓齒。他給的一千、五百買菜錢，也儘量買好料，有時甚至自己貼錢，並大展廚藝的做給他吃。有時還很得意自己施展在飯桌、床上服務的成就感。然而我也是人，生理需求和經濟需求總感不滿足。

後來「一月一約」的近兩年才懷了如今的兒子。原本就有膝疼問題的我，在懷孕七、八個月時摔了一跤，從此右膝就更疼了，疼到寸步難行。生完孩子才去醫院骨科打過幾針，拿了幾次藥——一直以來都以爲我走路姿式不良造成的酸疼。但藥一吃完就恢復劇痛，痛到耳朵深處都感刺痛。照片子才知髕骨摔斷了。接下來就一再開刀和換醫院，我也就留在娘家養傷，期待傷好我能恢復之前的搖搖擺擺行走，早日「回去」，「維持」或「挽回」我的婚姻。當時認爲我不能走是婚姻的危機，「人家」會不要我。

之後斷斷續續有「一月之約」，但都失敗！有時排卵試劑測有排卵「他」卻不能行房，我只有痛哭嚎淘。有時我也搞不懂是眞的期待再懷孕，還是希罕那少的可憐的「夫妻之實」！不過證實兒子自閉症後，我是眞的很渴望再生一正常手足照顧他。

後來又發生許許多多的事情。少的可憐的生活費前夫不再給；不再有夫妻之實；反過來我拿錢給他……，其中以我自己出錢找醫生做人工授孕想再生一個正常孩子，他不給生活費；沒性生活都不要緊；孩子我打算娘家自己養，只要不離婚。

然而那種沒有性生活還要天天打排卵針，自己一個人上「內診」檯……而他只負責打出他的精液交冷凍而已，「置入」時他一次也沒陪，好像一切不關他的事，那份委屈勁兒，眞的覺得自己好可憐，尤其每次失敗，沒授孕時我都得至少哭上一天一夜。所以前陣子藝人李黛玲出書時宣傳書中提到人工授孕的內容，我聽來都於我心有戚戚焉。尤其我除了右膝斷，左膝也疼，那陣子剛好藥物中斷，打排卵針後覺得就更疼了，上「內診」檯時右腳使不上力左腳也疼卻得使力，我的腿又不能充份張開，醫生在置入時又必須張開雙腿，我只感覺到我的左腿痛到連髖骨都痛！

另外我爲了挽回婚姻我還上減肥門診花大錢減肥，減了三十公斤，所以報上說誰減肥八公斤、十公斤……二十公斤，算什麼！我減了三十公斤，要不是膝疼復發，疼痛難當，我先治腿疼，我還要減更多。

膝疼、膝疼，我後來才知我除了右膝斷成兩半，韌帶被一位醫生挑斷了，左膝也不知何時受的傷，韌帶全撕裂傷，換句話說我腳筋全斷了，而且髕骨都移位到上面，不在膝窩中。醫生證明眞的很痛！

還有，我爲「維持」婚姻，我常會在「他」大哥大中留言，說些噁心、肉麻當有趣的話。有次我把〇九二〇╳╳╳╳╳，撥成〇九二一……，還一再留言，直到電話那頭主人回話，我才驚覺自己撥錯電話號碼！

最後一次努力。我們明明早就判決離婚了，我還心存依戀，不，是心存幻想。我和他打契約，我領了二十萬，要他去看泌尿科拿威而鋼或犀利士，也許能再生，並言明孩子我娘家養……但他錢肯拿，不願面對事實，諱疾忌醫，我只有解約把錢拿回來，退了戶口，眞離婚了！我在想在一起只有我服侍他的份，他對我只說嫌棄的話，甚至莫需有罪名；不給生活費；沒有性生活；一再拿錢倒貼他——坐他計程車一次付兩千元……何苦來哉？何必掛這名？！

我離婚了！

這件事我這麼想

最近電視新聞最熱門話題除了總統大選，就是前不久香港影、視長青樹紅星，也算諳星吧，沈殿霞不幸過世的消息，每當電視新聞中報導她的生平點滴、治喪事儀……我都會留心看、聽報導。反倒是早些時鬧得沸沸揚揚，的又隔幾天的報導陳冠希回港爲慾照外流事件道歉的新聞，每看到就討厭，不是轉臺看旁的節目，就是關電視！

陳的新聞，之前就報導很多，照片有多少張？受害女星有多少？……都覺干我屁事，我不想知道，不想了解，也不會好奇去看。倒是很想知道沈殿霞生平！

報導沈殿霞的新聞，除了報導她拍過的戲；主持過的節目；作過的表演……生平事跡。還說她最愛的男人是鄭少秋；最愛的女人、放不下的是女兒鄭欣宜。

沈殿霞除了自己談和鄭少秋的關係來龍去脈的轉變，也曾在自己節目中訪問已是前夫的鄭少秋，並問十多年：「你有沒有眞眞正正鍾意（中意、喜歡、愛）過我？」鄭少秋答：「我很鍾意你啊！」同樣的問題，答案比我前夫給我的回答好多了！我前夫答：「天底下有誰會愛你？！」。有人替鄭少秋詮釋他的話說他說的鍾意只是「恩情」而非「愛情」。然而我想人心是複雜的，恩情、愛情誰能分割得清清楚楚？我想有些感念她知遇之恩，她照顧他生活、事業多年；還有人，有人愛著自己，那種感覺是很高興的，也不能說沒有愛情的成份，僅管他沒有主動追求過她，他們是自然而然，沒有誰追誰的在一塊了；再者，他倆兒還共同生有一女兒，又是一份像家人的感情；更還有，沈殿霞說過「離婚」二字是她自己提出來的，我想，也許當初雖然鄭少秋移情別戀或感到找到眞的愛情，沈殿霞不說「離婚」鄭少秋也不會主動離開她！因爲沈殿霞多年無微不至照顧鄭少秋生活起居；安排事業上前途，解決麻煩……，是人都貪圖安逸——能安穩生活，凡事以逸代勞。除了圖安逸，還有感恩、念情的成份在，使鄭少秋不能主動提離開沈殿霞的事，想來也許沈殿霞不主動提離，過段時間鄭少秋的外遇會因事過境遷就沒事了；也許會再拖些年才分手！

已成歷史的事，誰也不能假設。也許已經變心的人，態度不只冷淡……好比我前夫對我是既批評又嫌棄，不僅冷淡，簡直是冷酷！或許沈殿霞已預見再拖多年也是分手，不如現在就成全鄭少秋與已懷孕的官晶華？反正自己獨守空閨定了，硬撐著使人家也得不到，何必呢？！

而離開的鄭少秋的心……我也離過婚我也能體會，離開既有的一切的失落感（生活和工作的被照顧）和對沈殿霞的歉疚……。我對我前夫……算了，一言難盡。

同爲女人，我對沈殿霞離婚後的心境更能體會，想必非常淒楚的，決定或說答應不再婚，除了表示愛女兒，還代表她還愛著鄭少秋，至少在她心中沒有讓別的男人來取代他……，再者，四十歲年紀並不大，決定就此和男歡女愛絕緣，只要想到今後就此夜夜守空床的心酸，是無法為外人道的！沈殿霞的知名度，又不能像一般市井小民去登報徵友、徵婚；性格也不至像小雲媽（上流美）一樣赤裸裸的四處公開的找小狼狗。也許沈殿霞自覺自己外型的受限，……至少主動追求的男子不會有，和鄭少秋般自然而然在一塊的機會也不再有，索性讓女兒安心，說：「媽媽不會再有別的叔叔。」多少心酸與無奈，令我不禁流下同情眼淚！

至於鄭少秋沒去加拿大送殯？人都是有氣有恨的，也許沈殿霞和鄭少秋離婚時就說：「加拿大是我沈殿霞的家，離婚後不許你再上門！」尤其他們是在加拿大結的婚！也許沈殿霞娘家親友、母親、姊、弟都為沈殿霞抱不平，不諒解鄭少秋！總之加拿大是沈殿霞地盤。沈殿霞一度把女兒送到加拿大念書，鄭少秋也沒法探視，是為生活忙碌沒空，還是來自沈殿霞或她親人限制？也許是來自鄭少秋現任妻子的要求，官晶華這個多年沒有聲音、沒有名字的女人……泥人還有三分土氣呢！總之原因不足為外人道。

至少我是這麼想。

「超生」應該是超過、超越此生的境地吧！

昨夜看個平日慣常看的一個電視節目，看到許久不見的上流社會的許純美和藝人大炳一塊上節目。

其中一段心理測驗，題目說：「如果玩俄羅斯輪盤遊戲，每人可以開三槍，你認爲你會：『一、一槍斃命；二、三槍都沒事；三、第三槍才結束』？」許純美自己選了二又不許大炳選同樣答案，於是大炳選了一，許小姐又說：「一槍就死……」怎麼怎麼的，大炳說：「沒關係，早死早超生嘛！」許小姐又說：「萬一超生成老鼠……」；「沒關係……」大炳說，但許純美不等大炳說完又說：「老鼠是畜牲道（筆者習慣說旁生道）是下三道，再來就是地獄道、餓鬼道……」大炳說：「好了好了，只不過做個心理測驗，你不用把十八層地獄都背給我聽……」。

我知道大炳意思是事情早點結束早好，不用擔心下一槍，受一再緊張的折磨。

而我雖信佛，我也不確定人一定有來生，我想任何宗教的信仰人都是寧可信其有，情願自己宗教中的神話部份是眞而已，否則幾十歲的人了，不流於迷信。且我個人認爲如果眞有輪迴，所謂的「超生」一定是超生到比這一世好的生存的境地，一個「人」「超生」可能到天道去，甚至聲聞、緣覺、菩薩、佛的境地，才叫「超生」吧？人輪入畜道是「墮入」不是「超生」。

又比方本應輪爲地獄道的壞人，他的親人替他積德行善、佈施念經超渡他，或三寶弟子參與什麼水陸法會令地獄中受苦的人，超生到沙婆世界中一隻享福的狗狗，已經是超生了。

佛教是不殺生的，甚至小乘佛教、藏傳佛教的出家人都只是吃「不殺、不見殺、不爲我殺」的三淨肉。然而有一些人也相信輪迴，我不知信的是道教不是，但殺生，爲安自己心，殺之前念幾句超渡被殺者的話，好比殺雞、鴨會念：「做雞做鳥無了時，早超生早出世，去做富家人囝兒」然後一刀切下去……。小時候我不懂，長大後我常想，如果有人要殺你、我，殺之前念那麼幾句，我們能原諒他嗎？我還是會買肉吃，別人給我的肉我也會吃。然而就我各人認爲，我如果有來生，來生不再是個不良於行者就是一種「超生」了；一個依索坡亞飢民來生生活於富裕國家也是「超生」；如此說來由一個旁生道的禽類變成人類的富家子弟，已經是翻了好幾翻了，「超生」好幾級了！

總之如果眞有輪迴，所謂的「超生」無論是自己修行，亦或別人超渡，惡報受盡的「超生」一定是超越了此生所處境地才是，退步到下一級或不如這一世，不能用「超生」兩字。在此也祝福所有衆生都能「超生」，最好都往生極樂。

凡事要知其所以然以及實踐

不久前曾寫過一篇稿，末了用一語雙關手法——字音發錯字會不同，其字義也是。說某人口中的「活滑」是何？而後覺得自己太調皮，所以補上一句「阿彌陀佛！」

在那篇稿中，我自大的說某人是否只會跪拜泥塑木雕的佛、菩薩偶像而已……之類話。我表達的不夠週全完善。

事實上佛學是非常博大精深的。除了原始佛學：十二因緣，三法印、四聖諦、八正道；還有部派佛學；大乘佛學；還經過魏晉南北朝，支謙、康僧會……西晉、東晉、南北朝各個高僧、學派的發展；到了隋唐以後的三論宗說、天台宗、法相宗、華嚴宗、律宗、密宗、禪宗、淨土宗，各宗學說，不勝枚舉。而我所懂的也只是皮毛中的皮毛而已。

其實在所有的宗教信仰中，禮拜、躬敬其所信仰的對向本來就是應該的。不良於行的我，信佛後，雖無法前往各大名刹、名寺去禮佛，家中也未佈置佛堂，但是我常把佛、菩薩像掛於心間。

我的初衷是想說，人信仰宗教，要知道自己爲什麼崇拜祂，將其所闡述的道理實踐在生活中，而非不知其所以然只信其有大威神力，跪祂、拜祂、求祂保佑賜福、賜壽、賜財……而已。

好比信基督、天主教要知道聖經中的道理，基督思想，因何要「敬畏」主，將其道理實踐於生活。信伊斯蘭教也一樣，要了解可蘭經中說些什麼道理，將其應用於為人處世，應對進退上，相信伊斯蘭教教義也不只是外界所知的每日向麥加朝拜五次、不吃豬肉、不喝酒而已。信佛，佛學、佛法雖博大精深，但多少要了解一些基礎佛法，不是盲從拜佛而已。

可以再打詳細比方。是國人的習慣或說習俗，因為行船走馬三分險，國人通常都會在車上吊掛廟宇中求的香火袋，或佛珠，再就是擺放菩薩像、佛像，也有民間信仰者擺的是三太子像。我也見過外籍神父入境隨俗的在車上掛了串唸玫瑰經的唸珠。

然而不是把自己宗教的圖騰、符號、象徵物掛或擺上就好。拿掛的佛珠來說，有大師級的人說，一定要唸佛號，菩薩聖號時計數用過的、舊有的才能有保佑之效，不是買串新佛珠掛上就好，也不是材質好的就有效，沒唸佛唸時用過，甭說琥珀、天珠，就是紅寶石、藍寶石、鑽石都白搭，要普通的，唸過佛，越舊越好。不知那位在車上掛玫瑰經唸珠的神父是否也是唸玫瑰經過的？只掛個象徵而已就是迷信。

在舉一個知其所以然的例子。有次我搭到一位原住民計程車司機的車，他車上都沒吊掛和擺放任何東西。他說他信基督教，為什麼不把十字架掛上？他說信基督是信聖經中的道理，不是任何偶像……有個人胸前掛個十字架，他認為不該掛，因為那只是釘死耶穌的刑具而已。那時的我並沒有宗教信仰，信佛後回頭再看這論調，覺得它跟禪宗的木雕的佛像燒不出舍利子的說法有異曲同工。

再舉一例。我記得是星雲法師說過一則大意是：有位祖母到一個王爺廟中求了一個保平安的香火袋，要給她孫子騎機車時保平安用。但不久這老祖母的孫子還是出車禍了，老太太就埋怨王爺廟中的王爺為什麼不保佑她孫子？！夜晚她就夢見王爺托夢告訴她：「王爺我騎的是普通的馬，你孫子騎的是機器的摩托車，他又飆車，我騎的馬追不上，怎麼保佑他？」這個故事說明人光是求自己信的神、佛保佑，自己卻一直造著會出災禍的業，你不得現世報誰得現世報？小心火燭、電線、瓦斯就是不造會火災的業；注重水土保持，就是不造土石流的業……。人無端受災、得重病，你可以說前世的業障，有時候災難、疾病、殘疾都是自己現世自己造的業。中國一句古話說：「夜路走多了一定會遇到鬼。」

另外，我各人覺得人只能在自己遭受災難、疾病時告訴自己是前世業障，是前世或累世的冤親債主來討債，不可在旁人遭不幸的時候說，尤其不同宗教未信佛的人，會傷害到他（她）不是在造口（惡）業嗎？老實說信佛的我，聽別人這麼說我也很傷心呢！

而且不管在任何不痛快的情況下，不可指責親朋，父母、子女、兄弟姊妹甚或朋友、鄰居……，你是我前世的冤親債主！前世人欠你什麼死人債……等的惡口。一樣傷感情！「小雲」的媽如此說小雲，小雲聽了多傷心？不能說在有求於人或感激人時說什麼：「來世結草銜環以報……」到了這世，你還沒做牛做馬還是個人，已經不錯了，有債還債，有恩報恩，靜靜的還，靜靜報答。

有時候還得凡事向好的方向想。我兒子自閉症，我有時把他想成前世有共業，所以今世他來做我兒子外，也想想他的福報。他是男兒身，男兒身比女兒身有福報；他相貌清秀莊嚴，也是福報；他很會畫畫……現已會說很多話；也開始學寫字，學校帶回家的作業他都有寫……都是他的福報，將來可以教他給佛、菩薩畫相、抄寫佛經，來世會有更大福報，胖胖的他很多人都說他像彌勒佛呢！

對跟你八字犯沖和不來的人也好；殘疾人也好；乃至於貓貓狗狗，都要慈悲以對。我記得觀世音菩薩有三十六化身之說，甚至是八萬四千多種化身，成億成兆化身之說。豈只都是高貴、尊貴者的化身？除了觀世音，我在地藏菩薩本願經的地神護法品第十一中看到：地藏菩薩、文殊菩薩、普賢、觀音、彌勒亦化百千身形度於六道。的說詞。其實連阿彌陀佛自己也會化身度人。印象中有這麼一個故事，阿彌陀佛為度某人得道，化身一隻半身腐爛，半死的狗，而被度的羅漢，為救狗命，但蛆蟲也是生命，以口含蛆蟲救治狗兒又不傷蟲命，結果狗兒一下顯現出自己阿彌陀佛的樣子……羅漢將其扛在肩頭，到人多地方去問人，都說沒看見什麼，只有一位信佛虔誠又有慈悲心的老太太看也他肩上掛著一隻死狗。

想。

「小雲」的媽把「小雲」或任何人把誰當是冤親債主、是佛、菩薩化身度人？看您怎麼想。

佛法也好，任何宗教的道理也好，首重的是在生活中實踐。佛教徒拜佛、禮佛是應該的，然而……。以個禪宗故事比方，禪宗重坐禪……但有高僧說只是枯坐好比磨磚做鏡般不可能，枯坐是不能成佛的。

我對佛法所知不多。但佛法讓我不怨天不尤人，對老天沒爲我開過一扇窗，沒開過一道門，沒有怨言，前世業障，一切自己做得來的。

我對佛法所知不多。但我喜歡它的包容力。喜歡它的覺有情衆生都有輪迴轉生，包括不同宗教信仰所謂的外道人；還包括天上飛的、地下爬的、水裡游的……連下了地獄的惡人都有業報受盡的一天再超生，也有受法會超度的可能，還有地藏王菩薩的大願：「地獄未空誓不成佛，衆生度盡方證菩提」做後盾。

我對佛法所知不多。我喜歡它的大度。我在聖嚴法師的書上看到：佛祖當年告訴那些從外道改信佛的人，對原本信仰的外道依舊要佈施供養。

如此說來不分宗教、種族、國家的佈施也合佛法。這些年來臺灣人不分宗教、種族、國家在國際間行善是有目共睹的，慈濟人能接天主教國家菲律賓的連體女嬰來臺做分割手術；富有基督色彩的伊甸，接回教國家的阿敦來臺裝義肢，臺北的清眞寺的人一樣接待；佛教團體到回教國家行善，基督教徒到非洲……。我想不論是哪種宗教，都主張善有善報的，每個有宗教信仰的人都把自己信仰的教義實踐在生活上，這個世界就是天堂、就是淨土。臺灣人眞有福報呀！

諾亞方舟之外的人也有活路

在不記得日期，也不記得時間是半夜還是凌晨的前不久，曾打開電視東轉西轉，無意間看了幾十秒，不到一分鐘，某個基督教講道節目。那位講道的先生的幾句話，使我想到了許多事。

想到自己有好長一段時間是個完全沒有宗教信仰的人，甚至是個反對所有宗教的人。原因之一，因爲從科學探知，宇宙的形成是多少千萬億年形成，每個星球形成或存在的時間都不一樣，每個會自行發光的星星都是恆星，太陽也是恆星之一，每一個肉眼看的到的星星都是恆星，都是不同太陽系的太陽；我們的太陽有九大行星，地球是其中之一，每個行星或多或少都有衛星，地球只有月球（月亮）一個衛星；當地球還是恆星，像現在的太陽般是個大火球時，月球則是地球的行星；若有天我們的太陽熄了，太陽的九大行星，包括地球都成了太陽的衛星，也就是說到時太陽有九個月亮。

可是根據基督教《聖經》的「創世紀」所說，宇宙萬物，上帝花六天就完成，第七天還休息了，並且似乎宇宙所有星球創造完成就不再改變了！

另外，科學說地球的年齡有四十六億年了《聖經》說只有幾千年，更沒有恐龍等古生物的記載！

還有，達爾文的進化論說人是由猿猴、猿人、類猿人……一步進化來的，跟恐龍一樣，還有逐年發掘的古化石爲證，也跟《聖經》所說：「上帝依著自己形像造人」是不同的。

相信上帝創造說的死硬派甚至說：「人若是由猴子變的，現在的猴子它怎麼不變成人？」其實人和猴子、猩猩、狒狒……等是同科並不同種，好比馬、斑馬、驢子……是同科不同種一樣。同屬靈長類的當中某一品種因某種或某些因素進化得成人類，不等同於其他靈長類也必然會發生同樣進化，且進化也是經過千代、萬代……都不只的時間，不是一朝一夕，任何人都不可能在一生中看出某物種進化的。

那位講道的先生說自己，跟胡適……等人講過道，送書給錢穆。使我想到胡適除了：「想怎麼收獲就怎麼栽」之外的另一名言：「有幾分證據說幾分話」胡適是信科學的。

人不相信宗教的原因還有，把這個人世當做是眞實世界，宗教所說的都只是神話、幻想。因此沒有宗教信仰之人往往都很努力、很認眞的活著，追求著自己的快樂、舒服、幸福。能力強的人，尤其年輕時，應該都能得心應手追逐到。換句話說是挫折少，就算偶然受挫也相信自己挺得過，甚至重來一遍。還有，死亡離自己很遠！

然而人世間不是凡事都自己能掌控得到。做生意人生意失敗倒閉；吃頭路的人失業；失戀；生病；車禍……太多的意外，人掌握不到。還有，當人感到離死亡很近的時候，親人的死亡，或自己到了某個年紀，想到有天死亡也會輪到我時。在節骨眼上，沒宗教信仰的人會什麼神靈、宗教，管你是老天爺；佛、菩薩；甚或什麼過往神靈都求了。這時往往接觸到什麼宗教也就信什麼宗教。人眞是連要不要信宗教，信什麼宗教，都不是自己能掌握的！

我也是許多事難以掌握，甚至比任何人情況都糟。然然我當時卻遠離宗教，認爲宗教不能給我我想要的東西；想過的日子。

我，幾乎覺得所有的事我都要不到我所要的樣子。許多事「欲說還休」「未語淚先流」以下就以人人都追求的事爲例：

事業？甭說事業！至今我可以說連工作都不曾工作過。因腦神經的問題造成的肢體動作不協調、甚至扭曲難控制……非是我好高騖遠。智力是難以勉強，靠勞力工作吧？動作慢且難以搬重物沒有工廠要；行走東搖西晃，也不能當得端碗盤的跑堂、服務生；不耐久站，也不可能站櫃檯（當初只能站立五分、十分鐘，更何況如今膝蓋斷了）……聽說梵谷生前畫的畫只賣出去一幅，還是供他吃住的親弟弟買的。我寫的東西又能有誰買？而且畫，我也有。

再說愛情和婚姻。閩南語有句話說：「講著目屎就播袂離喲！」不說了，省得被譏自怨自艾、無病呻吟。

凡事我都想爭氣點，卻偏偏連肚子都不爭氣。克服多少困難，好不容易生了個英俊兒子

（未發胖前）卻……總歸一句，智能不足！連生數女哪有我慘？！這不順心、那不如意；難以掌控、難以追求……什麼都把握不到。像那首閩南歌「阿嬤的話」最後一句，乾脆「氣著剃頭做尼姑！」但不良於行，出不了家不說，如今的斷膝疼，連禮佛下跪都不成，眞是業障深重！

然而，我卻還是在接觸過的許多宗教中選擇信佛。我不是一時的意氣用事。機緣看了聖嚴師父的《正信的佛教》，想進一步了解佛教，再看了老爸之前買的《西藏生死書》、《西藏度亡經》（原名《中陰聞教得度》）雖然兩書內容屬藏傳佛教。之後又和法鼓山出版社買了些聖嚴師父的書，和幾本其他作家的著作；也向書局買了幾本，看了，才決定皈依三寶。這對原本反對宗教的我而言，您可以說眞如馬克斯對信仰宗教的評價：「是自我否定的異化」也可以說：「與佛有緣、有福報」而後我更是在空大選修了「佛學概論」、「禪學與生活」……等課程。深深感受佛法益處。

至於佛法內容？如何益我？唐朝末年新羅百巖禪師說佛法是：「貝葉收不盡」到今我也還沒見過眞佛經，我懂的也只是皮毛；至於佛法益處，礙於篇幅，只能簡單的說佛法使我了解到人在追求自己所欲、幸福的過程中，執著、在乎的身心，正就是痛苦的根源，所以凡事只要盡其在我，結果別太上心；有時痛苦也並非自找的，比如病痛、車禍受傷……等，世事無常，苦與樂都非常態，終會過去。以及覺得自己變得不懼怕死亡，覺得自己隨時準備好了。

不怕死，是因爲佛教的輪迴觀念嗎？其實轉世輪迴的觀，不只佛教有；也不只是印度種性制度形成的；也不是我國道教受佛教影響，而有此觀念。在西方，早在西臘三哲時代，伯拉圖見他的老師蘇格拉底，是一個那麼好的人（至少在伯拉圖眼中是），卻被藥鴆而死？就認爲人有輪迴轉世，他的老師能在來生得到應得補償；爲惡之人則反之。只是後來基督教否定了伯拉圖的輪迴轉世之說，因爲生命如果本來就永生，還談什麼「信主得永生」？其實佛教最高境界不只在追求更有福的來生；是在跳脫輪迴，往生極樂；最高境界是在修行成佛；也不對，最最高境界是「願共衆生成佛道」！

記得曾在報上看到人寫自己後來信佛茹素的母親……她說她才不信她母親信的這種要人忍耐的宗教，她選擇了深得她心的基督教。佛教是要人忍耐的宗教？可「般若波羅蜜多心經」開頭就是：「觀自在菩薩，行深般若波羅蜜多時……」要忍耐又何來「自在」？每個人的人格特質不一樣，忍耐者的印象，只怕是她母親本人給她的印象（她母親忍受不幸婚姻，家庭暴力多年。）。

至於信佛守齋戒的問題？就我所知許多宗教都有齋戒要守，除非你什麼教都不信，就沒有齋戒月、齋戒日的戒律要守。就我所知佛教是魏晉南北朝梁武帝頒了「禁食酒肉文」佛教才有終生茹素的規定，否則好像只有齋戒一段時日（像帝王要祭天時要齋戒沐浴……等）或「不殺、不見殺、不爲我殺」的三淨肉，出家僧尼照樣可吃。吃全素也是佛教傳入中國後，成爲大乘佛教的一大特色，是「中國佛教」的思想。個人覺得佛教的茹素，是在尊重生命，重視的是生命的本身，不像天主教、伊思蘭教，是看在老天的份上而齋戒。而佛教的茹素也是因爲慈悲，什麼叫慈悲，人在看到、想到孤兒、無依老人、重殘者……等時那種想哭的悲憫，就叫慈悲。而這種內心感受付於行動，也是一種「己所不欲，勿施於人」我們都不喜歡自己被殺、被吃，所以也不殺、不吃人家。不只有信佛；也不只是我國；在現代的西方，也有很多素食主義者，像觀察、研究、保育黑猩猩的珍·古德就是素食者；也有天才兒童；明星……等都是。而珍·古德並沒信佛，搞不好什麼宗教也不信。只爲慈悲，當人覺得吃動物肉就像是吃人肉一樣，自然主動吃素了。佛教既是要「願共衆生成佛道」，把「衆生」吃了，還談什麼「願共衆生成佛道」？不過吃不吃素也不要太有罪惡感。有位高僧馬祖道一，曾有一位洪州廉使問他：「自己信佛，但官場往來應酬難免……」等話，馬祖道一回答：「您如果吃酒肉，這是中丞您的本分之祿。如果您不吃酒肉，這就是中丞你在修未來的福德。」是難捨嗜欲的藉口；是環境不許可也好，無法素食或長齋也沒關係，只要知道不吃肉是在「修未來福德」就好。可以做到別的善事，做旁的功德補。我記得有位師父說「放生」可彌補。不過我想前題是在不殺生的情況下。

再回到那位基督教講道先生的話，他說自己比起自己提到的胡適、錢穆……等人，自己什麼也不是，但上帝選擇了他，上帝就是這樣，祂想恩待誰就恩待誰……等語。我覺得這話容易被抓到語病，如此說，上帝是個三歲孩童或瘋子，想對誰好就對誰好，不想跟誰好，誰就死了活該？

如今的我，並不喜歡否定別人、貶低別人。其實很多民族的古老傳說中都有「老天爺」，在希臘他們叫宙斯；我國自古從「帝」、「天」、上帝、天主、玉皇大帝……一直叫到老天爺。所以西方宗教傳入中國時「稱呼」就找我國舊有名稱。佛教，雖號稱無神論，但在印度，佛教的前身，也有「梵天主」之說，後來佛教好像稱祂「因陀羅」。當然你也可以說伊斯蘭教的「阿拉」是上帝的另一別稱。對整個基督信仰而言，不論是什麼教派，對十三世紀的神學家多瑪斯的「五路論證」更是深信不移。

然而，回到剛才的話。說上帝是三歲孩子，是瘋子，是過份了點。那「誰」是上帝（天主）不想「恩待」的人？對於不想恩待的人，是否就讓他們出生在聽不到基督「福音」的國家？像佛教國家：泰國、斯里蘭卡……像伊斯蘭教國家，西亞或說中東的國家。那些地方的人一出生就接受父母、祖父母傳給他們的一套思想，從來沒機會聽到基督的任何訊息，就算偶爾聽說，也因原有思想、信仰根深蒂固而排斥，尤其是回教國家的人。如果說人要出生在哪兒只是偶然，上帝控制不到，那上帝就不是全知、全能的。如果說上帝不能「恩待」每一個人，那祂也就不是全善的。我是一個母親，以一個為人父母者的心來想，我生了很多小孩，有的分散給別人當孩子，就算他們不認得我，我也會希望他們幸福、過好日子。如此來想，若眞有個造物主，怎會認得祂的，在祂眼面前的，死後就永生、上天堂，不認識祂的，不論乖不乖統統下地獄或死後就令其消失？天心不如我心？

有人會說：「就是因爲不是每個地方，每個人都能聽到基督福音，所以才要傳教呀！」請問效果如何？先別提敵對的回教國家，也不說無從得知佛教國家的效果。臺灣據統計有兩千三百萬人，民國八十七年就有這數目了吧？民國八十七年臺灣有宗教信仰者有一千一百八十八萬八千人，佛教徒有四百八十六萬四千人；信道教（包含民間信仰者）有四百五十萬五千人；基督徒只有四十二萬三千人，天主教徒更只有三十萬四千人。中國人可是佛、道不分，甚至儒道釋三教合一；而搞不好的天主教和基督教還在爭只有信仰天主才能上天堂、信仰基督新教才能永生！每個基督教派都說他們和上主的約定才是算數。再說，傳教又不能硬來，像中古時期十字軍東征一樣，據說當時十字軍是一手拿《聖經》，一手拿匕首，要人選擇死亡或聖經，不信就殺了你。然而現今中東地方卻都信回教，沒一個基督國家，連以色列，人家猶太人信猶太教！不要忘了，世上除了有宗教信仰者，還有那沒有宗教信仰的人，光臺灣就有一千多萬人。

我也學過爲了調合科學與宗教的科學「特殊創造論」，像有人提出《舊約》的諾亞方舟和大洪水的事是眞有其事……等說法。但我在想諾亞方舟自私的只載自己一家人，美其名上帝的旨意。是呀，方舟太小。但似乎當時上主要他把每樣動物都帶上一對喔？但不知當時有沒有帶澳洲的鴨嘴獸？還是只帶上他自家的牲口和家禽？

沒辦法，我就是一個時常想到別人要怎麼辦的人。我想很多人都對我有錯誤的看法，認爲我是個凡事只想到自己，爲自己爭取的人。我是個常想到別人的人，多年前學配音時，自己沒自信，加上每個人都是付錢來學的，上實習課時，我儘量讓別的同學上麥（麥克風）自己看別人配；半年多前，我知道自己寫劇本還有待加強，目前也想以課業爲重，以後……看以後怎樣再說，但我還是問行政院新聞局怎麼不見甄選優良劇本的廣告？我是替別人的人問的，如果說就此停辦，除了我，別的人才又怎麼辦？他們也失去機會了。所以方舟只載一家人，那方舟以外的人怎麼辦？方舟的故事眞假難說，大禹治水可是眞的！世上有很多民族有大洪水傳說，我國也有，大洪水時，方舟之外的人畜說不定就被大禹治水這類人給救了，也存活了下來。方舟之外，沒有一個人是該死的，中國人說：「上天有好生之德」！

最後，我想以在書上學的一首叫溫其太的人提的詩做結尾：

每日清晨一柱香，謝天謝地謝三光。
惟求處處田疇熟，但願人人福壽長。
國有忠臣安社稷，家無孽子逆爹娘。
四方平靜千戈息，我亦貧寒也不妨。

論中心思想的衝擊

每一個人都有一份屬於自己的中心思想理念。形成因素是一個人從小所處的環境，所受的教育，甚至只是很年輕時的際遇所形成。

這份中心思想會是每個人爲人處世、思考、行爲……乃至於各種文、藝創作的理念、原型。

好比生活在這片土地的二次世界大戰後，臺灣光復後才出生的人，自小接受教育是：「我是中國人，胸懷整個大中國，大陸包含臺灣都是中華民國領土，以中國央央大國民爲榮，以身爲中國人爲傲，中華文化優久優美，中國人是有風骨、勤勞……師長們訴說、傳頌著抗日故事及精神，要我們愛國，同時要反共，有一天我們要反攻大陸！……。

小時候覺得所有人都以中國人自居。就連應是很本土的黃俊雄布袋戲，角色中都出現一個武功高強、厲害、正派的角色，每每中原群俠一有危難就有一身騎白馬、蒙面穿披風，頭戴中華民國國輝的白色十二道光芒的帽子，出面解救大家的「中國強」，配樂也唱著：「中國強、中國強，中國一定強……」當時沒人覺得不妥，還很受到孩子們的崇拜，地位不輸史艷文、六合、帥（水）噴噴（美猴王），孩子們也買得到「中國強」的布袋戲偶，一如史艷文等角色。

再舉一例。有部黃春明再見撒喲啦哪小說，內容寫：「一個轉行導遊的前小學教員，一天帶了一群日本觀光買春團到臺灣東部旅遊——去「千人斬」。南京大屠殺是殺人，現在是嫖妓次數多。其間有買春日人的嘴臉；主角本人、父親、老鴇、妓女……最後媚外媚日的大學生巴結日人的「德行」。主角在遇到以前他教過的一個女學生、一名臉上長胎記被嫌醜的妓女，一翻對話喚醒主角良知，在送日人離去的火車上藉著一位媚日而想與日人攀談巴結的大學生，假做雙方翻譯，把日本人對中國人的惡行及那名媚日大學生都漫罵、數落、教訓了一頓。」這個故事後來還拍成了電影！

可見從那個時代走來，大家心中思想都是以大中國人自居，至少國家社會充滿了如此氛圍。發展成文、藝的創作也是發自內心的。

但有好長一段時間，甚至是經過好幾年的發展，我感受到我內在的中心思想受到衝擊。曾幾何時藍、綠，統獨的對立，兒時不曾聽說的二二八事件被抬出來講……。個人中心思想受到的第一次衝擊是比較和緩的，是經由親友介紹看一部由東方白寫的浪淘沙，以閩南語、客語發音的語詞，以臺灣在地人的觀點看時代的變遷、發展。內容使我覺得這片土地及人們一直是在受外侮的！像女主角林雅信（眞人藍本是邱阿信女士）求學階段不只是殖民者的日本在欺負她，德國留學房東太太也欺負她！……有二次大戰流落南洋失蹤的軍夫；一客家青年和日本女子的戀情；有臺人流落至中國大陸；有和山東漢子成爲朋友……等，隨著書中故事時代的演變，始終以臺灣人的角度看事情。看完這套書，打開我不同視角。

也由於世局的發展，有很多人不再以中國人自居，以至於黃俊雄訴說光榮過往歷史，不提「中國強」這一段。黃春明的再見莎喲啦娜如今也有人評：「黃春明把二次世界大戰的時空錯置。日本人是對「中國」南京大屠殺，是與「中國軍民」爲敵，在中國四處殘忍，但對臺灣人並未屠殺，並沒有像在中國那樣惡劣……等。」有許多臺灣人開始自外於中國人，對中國人沒有了民胞物與的胸懷，實在令人遺憾！甚至我也知道至今還有日據許多受日本教育及統治過的臺籍長輩認爲日據時代好，尤其治安好，沒有小偷……等。當慣了日本順民、乖乖牌……許多事覺得那樣很好！其實時至今日社會上還是安份守己的人多，只是傳播媒體發達，社會新聞報導多，好像現在壞人多。應該一樣，只是日據時代甚至更早有多少壞人做壞事沒有報導而已。而且人性很奇怪，安於當乖乖牌的同時又……日據沒小偷嗎？爲什麼又發展出和日本威權相抗爭的「義賊廖添丁」的故事？

不過我很能體會一些臺籍長輩至今還說日據時代好的心境。試想他們讀的是日本書長大；受的是日本教育；生活中治安的維護又是日本警察；二次大戰時日人曾積極推行皇民化政策，鼓吹臺灣人改日本姓氏，過日式家庭生活……，當時被教育或洗腦，皇民化是對的、是好的！

怎臺灣光復後一夕告訴他們一切都是不對的？那感覺就如同現在民進黨推翻了我自小所受教育：「自己是中國人，以中華民族爲榮、中華文化爲傲……大陸上都是我們手足同胞，我們有一天要反攻大陸，解救他們……」是錯的。臺灣、中國（大陸）是一邊一國，臺灣有天會宣布獨立成臺灣共合國的論調才對？！不只我，許多人內心所受衝擊之大。更何況從日據光復後，一些原本的中心思想被人判定是錯誤，非但再也無從申辯，且連所受的日文教育學歷及學力都成無用武之地！

不過歷史的事實，日本人對臺灣人並未比較對中國人好，清廷割讓臺、澎時，臺灣也有反抗和屠殺的，只是已愈百年，六十多年前的二二八許多人都已搞不清楚，百年前的屠殺，就算想來比二二八慘烈也無可考，考來也只一段文字！日據日人把日本人和臺灣人的不同比喻成鯛魚和比目魚；二次大戰時表面鼓吹皇民化，私下說臺灣人是清國奴；日本人上日本小學，臺灣人是上公學校，並不平等。清朝入主中原都能把武聖由岳飛改成關羽，日據臺灣，對曾經屠殺的對向、次等公民說屠殺、鎮壓的歷史嗎？

相對於日據時代大多數的乖乖牌，和現今主張臺獨的人士。日據時代也有對祖國懷抱孺慕之情的有識之士，像是鍾理和及吳濁流……等。然而回歸中國的印象並不美好，因此吳濁流以自己眞實故事爲藍本寫出了亞細亞的孤兒這本書，道出自己是臺灣人在臺受日人歧視、輕視；回歸中國又被中國人也是另眼相看，被認爲受日人統治幾十年被同化了或已等同日本人。同時還有當時臺人對中國的孺慕之情是對清朝以前的舊中國，再接觸確已是民主共和的新中國。心情感受上，人家（日人、中國人）對我的態度，時空造成文化的隔核、斷層……覺得自己身爲臺灣人永遠成爲不了日本人；卻也不被中國人接納、認同，自己又認同、容入得了新中國嗎？眞是亞細亞的孤兒！

即便時代演進，國民政府來臺並沒有把外省和本省小孩受教權分開、分等。時至今日，外省人和本省人之間還是有成見！本省同胞會說：「我嘎利共，奧山仔、外省人尙……安怎、安怎啦！」也有外省籍長輩會：「你不知道，本省人最……什麼、什麼了！」兩邊都陷入了族群自我認同後的自大，認爲非我族類者都是差勁者！我要說：請客觀點！

除了國家認同，統、獨爭議的中心思想有衝擊，我還想到反共思想的教育也被受衝擊。從小我是被教育我們要以三民主義統一中國，到了高中、職課表上都還排有三民主義的課，但曾幾何時三民主義已不再被提及！？另外，在以往的歲月中我們中華民國都是以自由、民主的堡壘自居，凝聚了海內外愛好自由、民主華僑的向心力；而且感覺上好像「鐵幕」之外的華僑都是支持自由民主，心向中華民國的！

比方香港，在九七之前好像都是支持自由、民主；支持中華民國。全港皆然，尤其是調井嶺這個地方（早期叫吊頸嶺），有許多二次世界大戰及國共戰爭後一些退伍的「國軍」到了這地方，沒有到臺灣，在此落地生根，但對中華民國有很高認同、向心力，每年雙十節都舉行升中華民國的國旗典禮；還有之前泰北、緬甸、美斯樂，不也有我「國軍」在那落腳，結婚生子……不是歷年都有過政府去接一些後代遺族來台；送碳到泰北……等的活動，他們也都心向中華民國！

臺灣的政局演變不再高喊三民主義萬歲，中華民國萬歲，甚至執政的民進黨主張臺獨，心目中只有臺灣這條蕃薯……香港也於一九九七回歸了「中國」，我在想香港調井領那些反共人士心中必定有所衝擊！三民主義、反共復國彷彿只是美麗的說詞，好比「愛情」兩個字，也只是虛假的說詞，而共產主義也只是說詞、理論、哲學……好比伯拉圖的理想國，任何理論、主張都不重要，重要的是看人怎麼做，共產主義也能「改革開放」！

因爲民進黨的執政，臺灣不再提統一；不再提反共；也不提三民主義……甚至不承認自己是中華民國。我覺得使得失去好多華僑的民心，失去向心力和認同感！香港調井領那些曾反共的人士；泰北、美斯樂那些戰士遺族；當年和國民政府一起離開赤色中國的華僑；甚至到過臺灣多少年才移民出去的華僑，無論身處何地……乃至於在臺灣的外省人，第一代尚未全死光吧？！第二代正值青、壯年，也許還有第三代……你怎麼讓第一代忘記自己長大的故鄉，否認故鄉是國土？讓第二代否定自己爸爸甚至是媽媽的家鄉？孫子們也會聽爺爺聊自己的故鄉山水、風土人情、吃食、童玩……。許多人被對中國的孺慕之情戰勝反共立場，更何況臺灣已不主張反共，不再談統一了！共產主義也能改革開放，大陸沿海大城市廣州、上海……等也發展富裕得不輸，甚至勝過臺灣，共產主義似乎不那麼可怕或說糟糕。臺灣已不反共，不想統一，只想獨立自外於中國！已失去很多人的向心力，有些人乾脆從此不返臺，甚至改投向大陸，好比鬼才劉家昌就在香港再也不回臺——他可是主導臺灣流行音樂多少年（作詞、作曲，自己唱也指導旁人唱）的人；也導過很多臺灣文藝愛情的三廳電影的人。他如今卻否定了臺灣！另一個如今已成功闖入好萊塢的功夫片明星，他可是臺灣女婿，現在跟大陸比較親，不再來臺！也有很多藝人、臺商長期在中國大陸發展、置產……在他們心中已失去對臺灣向心力，或者中國早已統一了呢？！

至於我，在臺灣生、臺灣長，是很愛臺灣的，但以往對於所受的反共和求統一的思想教育，根深蒂固，只是保持沈默的保守著！

文字有很大力量

這兩天比較空閒，就想起曾經偶然看到某個宗教頻道，這樣一個廣告，畫面中善書被丟一堆一地，訴說支持電視弘法，說助印弘法常被人將書亂丟，不如電視弘法。

個人覺得這說法是錯誤的。文字是從語言而來，在八大藝術當中文學是屬於「聽覺」藝術，拿詩、詞之類的韻文來說，它的美除了它形容出的情境、意境美感之外，還在他遵守平仄和韻腳所造就出的律動之美，而這份律動是聽覺聽出來的，因爲我們看到詩詞，無論是吟誦或默念，心中都有字音的產生，而字音就屬聽覺，而其所形容美景也是聽出來的，拿陶潛的詩句：「秋菊有佳音，裛露掇其英……」的美景是讀者看到的嗎？不是，是聽到的，由聽覺去想像其景。還有沈佺期的古意呈補闕喬知之的其中兩句：「九月寒砧催木葉、十年征戍憶遼陽」，「九月寒砧催木葉」的情境不是讀者看到的；「十年征戍憶遼陽」的思念意境也不是看出來的，是經由「字音」的聽覺刺激由讀者大腦自己想像出來的，也不是誰拍攝出來的，每個人想的也都不一樣，美就美在這。

更不要小看這由文字經營出的情境、意境的力量。爲什麼中國從以前就有「男不看水滸，女不看西廂」的說法，因爲少年男兒血氣方剛，看水滸打打殺殺，男孩看了容易意氣用事，且梁山好漢是反朝廷的；西廂記也是怕年輕女孩看了會對男歡女愛，甚至偷情產生嚮往。還有「老不看三國……」等也是，三國人物爾虞我詐，爭權奪利。「看了半部倫語治天下」……都是。

也就是說文章和書雖是別人所寫所作，但其中內容卻是讀者自己在告訴自己。而且不管是消遣用書、教學用書，還是傳播思想的書，讀者覺得精采的地方、有理的地方、沒一下看懂的地方，都可一看再看，一讀再讀，都是讀者自己在告訴自己，說給自己聽，自己在教自己書中的內容。除非像完全不懂機械的人拿到了一本教機械的書或不會法文的人拿著法文原文書，根本看不懂書中記載的符號，否則文字的力量是很大很大的。

文字的力量就在於令人自己告訴自己。別小看自己告訴自己的力量，打個比方，一對戀人，如果其中一方好不容易說出：「我愛你」另一方回的不是：「me to」，而是問：「你剛剛說什麼？我沒聽清楚，再說一遍。」讓才說了：「我愛你」的一方再說一遍，再重覆說者就會把自己感動得雞皮疙瘩都起來了，也更確定了自己的愛。

文字或說詞句，本身就有一種力量在，人在說某詞句時就會被詞句代表的意思所影響，所以每天告訴自己我很快樂、很高興、幸福……心情就會快樂、高興、幸福；同樣的悲傷、哀痛……等等也有其力量，不要常想常說。我想這就是爲什麼宗教界都主張人要常閱讀經典或唸經了，佛教淨土宗要人常唸阿彌陀佛的原因了。

再比方，人和人彼此商量事情，常會搶著表達自己意見，就算講電話溝通也是一方未說完就被另一方打斷，別人說永遠不如自己說！學生上課也是一樣，就算不是故意，聽別人說，專注力也是有限，聽著聽著也會「一心以為鴻鵠將至……」天馬行空的去了！

所以說個人認為文字、書本的力量是很大的。您說電視弘法，製作錄影帶、錄音帶……但我電視不開，不看不聽，或我電視開著坐在客廳裡打瞌睡，您拿我一點辦法也沒有，印弘揚佛法或宗教的書，印一百本就算被丟掉八十本，被打開看那二十本，起碼吸收了二十人，因為他們都是自己告訴自己您要告訴他的話，只一遍就印入心版，更何況看了的人覺得好，會拿給他家人看、朋友看、二十個人也許成了二十個家庭；二十個班級；二十個辦公室。同樣的道理或學問由別人告訴，聽十遍、二十遍也許都成耳邊風，不如自己「說」一遍。

所以聖嚴法師的「正信的佛教」接引了許多包括我的人信了佛，還有老影帝柯俊雄據說看了某牧師寫的書而信了基督教。文字是最有力的！

我認為當菩薩比天使更好

我在想，在不同的時空之下的人能產生相同的看法或觀念，一定有微妙的道理在，會不會他們有相同感應，甚至事實就是如此吧！

相信多數人都認為生死輪迴觀只是佛教思想，此思想又是起源於印度的婆羅門教，當初跟著佛教傳入中國，被中國人所接受，甚至道教也吸收演譯出另一些說詞。總之認為生死輪迴只是東方思想。我學了西洋哲學史才知道早在西元前六世紀發明數學中的「畢氏定理」的畢達哥拉斯就主張靈魂輪迴，並篤信修行、且吃素，而此觀念起源於更早的西臘奧爾菲神話。此後來的西臘三哲中的柏拉圖也認為有輪迴。另外就我所知西方的算命民族吉普賽人、西洋占星術、星座算命也都提什麼前世今生的。試想古印度、西元前六世紀的畢達哥拉斯、生於西元前四二七年的柏拉圖、流浪的吉普賽人……等等在不同空間、時間的人都產生輪迴觀，為什麼？

也難怪覺得今生際遇對我不甚公平的我，接受了佛教。此生不平事是累世業障，不只是前一世，有些惡業也許三世才會受報，有些七、八世後報，有些只隔一世，甚至現世報，在未受惡報之前也許做了些善業，惡報又得延後報。相對的善業所受善報也是相同道理。

我還喜歡佛教說念佛或往生咒……什麼的，可以帶業（惡業）往生極業的說法。

我經常在夜裡起身上廁所順道開電視看些重播節目。有些探討命理的節目，一些個大師常會說什麼：「自殺的人會留在原地一再重覆其自殺的動做，上吊的一再上吊、跳樓的一再跳樓……，還有自殺者閻王會判你下一世輪入畜道，比方一世豬，再一世狗，再一世……直到所謂業報受盡，因爲這一世叫你爲人你不爲人。還有跳水的成水鬼；車禍、死在路上者成爲什麼地伴靈；陽壽未盡者死後在陰間、在枉死城住到陽壽盡再投胎……等等。

我覺得這些說詞徒增亡者還活著的親人的難受和罣礙。我情願相信佛教所說人死後七七四十九天之內就到你該去的地方去，越早走的越到好地方，有大修爲者一死就往生，在三七二十一天走者還能投生人道，三七之後就是畜道……直到七七四十九天已要投地獄、餓鬼道去了。死後親人以死者名義行善，替他助念阿彌陀佛、僧人念往生咒……乃至藏傳佛教的頗瓦法，都在提醒亡者你儘快跟佛祖往生極樂去別再留戀逗留。而亡者本人除了本身造業影響，本人的意念也很重要，也許阿彌陀佛念著念著就到了極樂世界，有別的念頭就到別地方去了。曾有個故事，說有位修圓滿戒、定、慧的高僧，臨死前一心向佛，但只一念看到窗外梨樹上的梨子心想這個時候要吃口梨該多好，就這一個念頭，就轉眼成了果子狸或猴子……總之是吃水果的小動物。現在的我深信凡事只有自己意念能決定。之前有好多年的歲月，我都一直以為有能人、善人會安排我的出路、我的未來……。後來我才明白我決定去大陸、又決定回來……無論我決定要做什麼，哪怕決定跳樓、割腕也沒人會阻止。從此我只往好方向想，做正面的決定，雖然要好，客觀環境不一定配合，讓人達到目地，許多事決定在旁人身上；但往壞處想，負面決定，那眞的只有自行負責、承受。我想人死後那四十九天的中陰身也一樣、助念、法事……只是提醒亡者，要不要往生極樂或到哪兒也只看亡者自己決定。亡者想要得度就一定能得度，佛祖的四十八願中，佛祖許諾，唸佛乃至十唸佛祖就會度你。

我覺得道教，或者說民間信仰許多內容包含較多古老巫祝色彩；有較多的求現世福報、消災、避難的法術成份，像求男女合和；求財；延壽、治病……等的符咒和密法，道士就像古時的巫師、乩童更像。各種方法、符咒有效無效，眞眞假假誰知道？所以有些心術不正的「大師」就有創發明一些秘法來既騙財又騙色！而道教吸收了佛教的輪迴說發展出人有三魂七魄的說詞，跟西洋大哲伯拉圖的想法不謀而合，伯拉圖也說過人有三條魂，但其徒弟亞里斯多德並不讚同此一說法。

接觸過佛法我才知道佛教是一個那麼不迷信的宗教。佛家有八正道的約束，要求出家人要正命、正業，所以僧、尼要以正確方式養活自己，所以僧、尼不做算命、看風水、畫符、治病。正業是要僧、尼乃至於信衆要做正業、善業，不要造惡業，所以正牌出家人不可能去造騙財、騙色的業。所以我們每一個人都要有正思、正見何者該信何者不該信。

前些時候，應釆靈剛喪女不久，一天看她上蔡康永的眞情指數，說到女兒，她說：「子婷她現在已經去做天使了……」應釆靈一定受了那些如電視上那些大師的說法影響說什麼：「自殺者會一再重覆自殺；被閻王罰入畜道……」而不願接受這類說法，才說女兒現在成天使了。其實女兒到極樂世界去了，成菩薩了，會比說成天使差嗎？看觀世音白衣大士多漂亮？地藏王也面如冠玉！許多菩薩都除了面貌清秀（或說莊嚴）又載珠寶瓔珞穿漂亮衣服……要不在極樂世界如敦煌壁畫中的飛天仙女般舞彩帶、彈琵琶……不好嗎？至於何爲極樂世界？大概就如柏拉圖所說的「理型世界」吧！回到理型世界不再輪迴生死間。

人生沒有心要讀太多書；信仰什麼宗教都一樣

（有些親戚反對我上空大，說我不良於行，拖累老爸）

這陣子深感人生在世沒有必要讀太多書，文字識個幾百個，夠用就好；算數，加減乘除四則運算會應用就好，憑勞力謀生沒問題，然後找個終身伴侶，生幾個孩子，拉拔到長大，簡簡單單過一生就好了。差點忘了，先決條件還要有健康，才能有此「簡單」的日子！

道德經的食母章第一句：「絕學無憂」；樸素章：「絕聖棄智，民利百害」；四有章：「大道廢，有仁義；智慧出，有大僞」滿有道理的，然而可不可或許的還有健康身體，所以安民章就說：「……虛其心，實其腹，弱其志，『強其骨』……」。

像我就因沒有健全身體憑勞力賺錢，生活上多所依賴旁人協助，勉強有次婚姻，前夫也不健康，導至離婚因素很多，主要是他性功能有很大障礙！他及他們家嫌我不良於行，他才性無能！

最初的我應該說是胸無大志或說宜室宜家，只想有個「好男人」跟我結婚，生幾個孩子，然後我在家燒飯、洗衣、帶孩子，謀生問題交給丈夫。沒有健康的身體做後盾，最早沒人要，丟人現眼鬧了些大笑話，三十一歲勉強結了婚又……一言難盡！在求之不得的歲月裡；在月月年年的空閨婚姻中……多年來我成了一個一事無成，好高騖遠的人！除了老爸，親友們都反對我做任何夢、任何學習……連第一次婚姻也是反對……不禁要吶喊：「我又不是草木之人！……如果我腳邊有朵玫瑰，何需追逐天邊的彩虹？！配音、編劇、投稿、學電腦、學英文、念書……追逐的都是天邊彩虹！我腿一再開刀、減肥三十公斤、天天打排卵針要做人工授孕……到頭來灌溉的只是一株枯草不是玫瑰！一直沒有玫瑰、彩虹，還多了塊朽木（一個弱智兒）不可雕又不能當柴燒！多年野狐禪只修得了檸檬、苦瓜和黃蓮，不只討別人厭，我自己也討厭！

說到野狐禪的「禪」字就想到宗教。最近除了覺得人沒有必要讀太多書外，同時深感宗教對於人類做用只在讓人在世時當個好人和臨終能夠不怕死而已。除了自己找死（自殺）的外，信仰任何宗教的人都會有短命、早么者，遭遇不幸者……等，應該說一切前定還是世事無常？首先，以名人做比方，梁鴻（宏）志（？）信天主教，逝世時四七歲吧？馬兆駿虔誠基督徒，享年四十八；信佛也是，崔愛蓮四十出頭往生；最近的許章倫的喪事是以佛教禮儀吧？才二十八歲！再比方，進香、拜廟的也有過遊覽車出意外傷亡的，有人說那是有人不虔誠！是嗎？那伊斯蘭教每年朝聖麥加的，都有不少人被擠倒後遭踩踏而死！還有任何信仰的信徒中也都有貧窮、殘障者……。被人信仰的大能者神、佛怎都不保佑？

只能說每個人的么、壽、榮、辱在出生前都已前定；或說前世業力安排。不是說積德行善能添福增壽嗎？好比了凡四訓說的？對長壽、好命的說：「信仰虔誠、老天保佑、保守你！」或「前世修來的福報！」對早么的說：「老天寵愛，提早蒙主寵召」或：「早死早超生，業報受盡早日超生到更好境界，乃至往生極樂。」若信道教，你可以說：「某人是星宿下凡，神仙投胎，現在任務完成，歸位去了！」反正都有說詞。

我現在覺得，信仰什麼宗教都一樣，世上道理都是通的，好比西方基督教的博愛，早在戰國時代墨子已講兼愛；印度傳來的佛教，我國學者也嚐試以道家的「無」格義佛家的「空」以儒家「仁、義、禮、智、信」格佛家「殺、盜、淫、妄、酒」所謂：「仁者不殺、義者不盜、禮者不淫、信者不妄（講信用不妄語）、智者不酒（喝醉了頭惱不清），還有佛家講意識或說「心」，禪宗的白牛圖，說明人必須要看好、牽好「心」這頭白牛，也就是要修心，修心說來簡單，在儒家大學的釋正心修身：「所謂『修身在正其心』者，身有所忿懥，則不得其正；有所恐懼，則不得其正；有所好樂，則不得其正；有所憂患，則不得其正。心不在焉：視而不見，聽而不聞，食而不知其味。此謂修身在正其心」正心好重要，好難！儒與佛不相通也相似。

信什麼宗教都一樣。我認識的佛學是一種哲學的感覺；基督教或許也是一門人生哲學，很抱歉基督教沒能成爲我的選項，也許該說天主或上帝不曾撿選我！我喜歡佛教沒有一個至高無上的神的存在，人或說生命卻能夠透過修爲昇昇到天道成天使甚至更高，菩薩、佛什麼的。且覺得憑著你行爲、思維記錄而轉生，比犯了錯會有「神」會原諒更使人懂得「善獨」。

不是宗教本身的錯

前幾天投了一份稿，發表了某人言行不像有宗教信仰的人，不像信佛的人的話。第二天報紙夾了一份夾報，說《西藏生死書》的作者索甲仁波切涉性侵，又是譚崔瑜珈什麼的，我只看了標題，並未細看。但我覺夾報者好似針對我，要我放棄信佛！

我覺得是白費心機。因為決定信佛是經過我深思熟慮過的，否則之前我對西洋宗教失望，曾一竿子打翻所有宗教，決定什麼宗教都不信。沒錯，我是翻閱過《西藏生死書》，但當時覺得它是生硬艱澀的，更談不上感動。正式認識佛法是聖嚴法師的《正信的佛教》，之後又劃撥及和在書店買了一些書看，之後因為空大的課業為要，我沒再看閒書，也是空大的佛學概論、禪學與生活、禪詩選析等的科目深入淺出的讓我了解了十二因緣、四聖諦、三法印、八正道……佛家各個宗派、思想；禪門一些公案、小故事；禪詩……等。所以決定信佛，而由於第一本令我心動的佛教入門書是《正信的佛教》，所以找法鼓山的聖嚴法師皈依三寶。

我想我信仰的是佛學而不是迷信的膜拜。是被稱為佛學或佛法的一套思想，不是一般的民間信仰或民間習俗，年節跟著拜、初一（初二）十五（十六）拜，逢廟宇、神壇，佛、道不分的拜，而不知所以然。

主要的我體悟到佛教那份衆生平等。無論你是否信佛都有六道輪迴，如果您行善都會輪入上三道，甚至天道；無論是什麼野獸，虎、豹、獅、豺狼……，牲口，牛、馬、驢、羊、豬、狗……，家禽，雞、鴨、鴿子……，乃至蟲、魚鳥、獸，都有輪迴；甚至於輪入地獄、餓鬼的生靈都有輪迴，只要業報受盡就可從新來過！而西洋基督教，只有信主才能得永生，那沒信「主」的人呢？沒人告訴我是都會下地獄，還是不分青紅皀白全消失？所以要積極傳教！然出生佛教國家的人；還有尹斯蘭教國家的人甚至和基督教有著世仇不是嗎？還有天主教、基督教說只有人有靈魂，所有其他生物都只有生魂，動物死了就消失了；還有做了不好的事下地獄就永遠地獄嗎？兩口子吵架失手把對方殺了跟殺人魔王徐東志、陳進興……乃至殺人八百萬的黃巢同刑期？公平在那裡？

另外我也記得神父告訴過我思想是不罰的，光想但沒付諸行動的壞念頭天主不罰。然而佛教是身、口、意三業都注重。所謂意就是意識，受、想、行、識的識，是佛教重視，尤其是唯識宗。因爲末那識和阿賴耶識的關係，人連意識也要留意，意識會影響人投胎轉世於何境地。當然由身、口造出的業影響就更重了。我想，所以佛教要人唸經頌佛號，就是要人一心不亂想著佛、菩薩，少想些惡業吧！我不知道，我喜歡連意識心念都得向善的感覺，會有什麼報應自己掌握，不是外來的天主、上帝來決定。

再說大悲觀世音菩薩、大願地藏王菩薩、大智文殊菩薩、大行普賢菩薩……的存在及其故事是早就有的，又不是索甲仁波切出生才有的，爲什麼我要因一個人否定一切？

再者這些指控、傳說都只是片面之詞，當事人都不承認。而且印象中信其他宗教的神職人員不也有犯錯的指控，在歐美不也有神父雞姦小男童的事情？可以結婚的牧師也有類似指控，甭說外國，就在臺灣不是有位姓唐的牧師被指控教一些女教友自慰並對其上下其手？還有，讓陳進興受洗的那位牧師，和三名中途之家的少女有曖昧，不管是他強迫人家或被引誘成的！

其實人非聖賢，在各人感受上在生理慾望上，性欲比食欲難控制。吃長齋不難、節食都沒有性欲難控，我就花了半年節食減了三十公斤，但性欲……，老實說我在自己玩後會哭泣，是因爲只有性幻想而不會有性邂逅，前夫多年無能，我們多年有名無實。我在想被人指控的這些人，要沒有神職身份又在沒婚姻狀態下，跟某人或某些人怎的是誰也管不著。不過是以自己身份協迫他人又另當別論了。我相信中庸之道，也讚成適當舒解，但是像那位唐牧師或什麼譚雀瑜珈般聚集一幫人來鼓吹、示範就不必了。

我信佛，爲什麼有那麼多的出家衆乃至於得道高僧不看，要看那少數出叉的？而且我是信佛以後才不反對所有宗教的，我相信絕大多數的神父、修士、牧師都是好的、美、善的。會做錯事是因爲個人本質不好而非某個宗教不好，或許也不是個人本質不好，只是一時衝動或受不了引誘，跟任何宗教界無關。

看到前世的印記

活到四十不惑，各色的觀點、觀念、思想、宗教信仰的內容……都聽說過；甚至文章、經典都翻看過。

拿信仰而言，現今世上有人信佛、信道、信天主、基督（各式新教教派）、尹斯蘭教、印度教……等。自古至今中、外的許多思想，在西方從畢達哥拉斯到柏拉圖都相信有輪迴，但被之後的基督信仰否定，還有，柏拉圖認爲人有三條魂魄，和中國道教說有人三魂七魄不謀而合，但柏拉圖徒弟亞里斯多德卻不認同，認爲人只單一靈魂，佛教則是把肉身之餘物叫「意識」，受、想、行、識的「識」，六識之外有末那識、阿賴耶識。道教認爲人行善或爲惡，子孫是會承負因果，附合我國「積善之家必有餘慶，積不善之家必有餘殃」的說詞，佛家則主張自己吃飯自己飽各人造業各人擔，親父子都不能替代。甚至於我國魏晉南北朝儒、佛之爭時，范縝寫有無鬼論，如果我記得沒錯，此篇文章是收錄在古文觀止中……更甚至現今世上的馬例主義唯物論，都自成一套思想，有人信奉著。

信仰或思想這種東西，其實沒有絕對是非對錯，或誰優、誰劣的。基督教不信輪迴；信輪迴的說詞，宗教依然存在著；亞里斯多德否定人有三條靈魂；柏拉圖這方面文章依舊洋洋灑灑存在著；基督教僅管大篇大篇寫著五路證明，馬例主善無神論依然對立著；儒、佛有著爭執，但佛教卻也能拿五倫釋五戒；三魂也好、一魂也好；承負也好各人造業各人擔也好，他們都存在各別的思想領域中。

然而，現今的個人相信有前世，因爲在很多地方我都感受到週遭的人、事、物有前世印記的存在。尤其是人，我可以舉幾個簡單且明顯的例子。

小時候鄰家有一對小兄弟，在入小學前就見過，不過沒交情、沒交往。後來我和其中的哥哥成爲同班同學，和他兄弟兩就常來常往，我們一塊玩吹泡泡；以牛奶桶、細橡皮管、原子筆頭做的噴水池；玩大風吹；分享彼此聽過的童話、寓言故事、小笑話、猜迷語；有時候也你一句我一句編著自以爲是的笑話，彼此笑得人仰馬翻，笑得岔了氣，笑得肚子疼；有時玩遊戲玩出禍來，像刮痧遊戲。

因腦神經麻痺的關係，我手腳行動都有問題，手的細部動作更是不像現今發展的寫的字讓人看得懂，作業簿像鬼畫符，老師批的都是丙、丙上、丙下，但這同學並不嫌我，作業簿都是得甲上的他也經常跟我一塊做功課；小時候的我也不太整潔，他還幫我剪過手指甲，應該不只一次，有次我指甲屑還彈入了他的大眼睛裡。印象中有兩三年的時間放學後都是他幫我背書包，和另一女同學一路護送我回家，背著我沈重書包一路陪著不良於行的我慢慢走，由於他是男孩，我書包都他背，女同學沒背過，盡管常對我沈重書包有埋怨，因爲是鄰居，卻常玩在一塊，女同學家住的遠，反而疏遠。在這之後換過兩組同學護送我放學，感情和對我的態度都沒有胡鴻鈞待我好！

既然我談的是兩兄弟，因何沒提到弟弟？因爲除了學校上學時間，走到哪兩兄弟都稱不離鉈。我們玩什麼、聊什麼胡鴻鈞弟弟都在場，他兄弟兩相互稱呼抵笛、葛隔，玩刮痧遊戲那次受傷最重的就是抵笛！直到抵笛上小學前，才知他叫胡鵬鈞。

後來彼此都搬了家。多年前的某一天在報上看到了胡鵬鈞的名字，原以爲同名同姓，看到內容提及伯父大名，才知是同一人。鵬鈞那年才十八歲，車禍過逝，家人把他身上可用器官全數捐出救別人。得知鵬鈞不幸我很難過，眞的很難過，心思沒放在捐器官的事上！和他兄弟倆交情多在十歲以前，單純不懂遐思，感情眞的是好朋友，甚至是兄弟之情，我好不捨。

成年後，有很長一段歲月我一直在鬧笑話，記不住是幾年的歲月，內容也一言難盡。在這歲月中的半途，應有三分之二的歲月，有了一個人加入陪伴，那是在一個深夜做功課的夜晚無意中聽見了近些年耳熟的聲音，我只是寫信問旁人他是誰？不想遠距離的他竟知道了，考慮了好陣子，忍耐了好久，終於直接寄信給他。不否認當年寂寞又失意的我（我好像至今沒得意過）對其是懷著情愫的。剛開始只是欣賞他嘹亮的聲音、聲音的演技（我想給卡通或戲劇配音最早是從廣播劇起源的吧，在看不到人的情況下，以聲音表現出劇中人的喜、怒、哀、樂、愛、惡、欲……甚至更多情緒，所以生動，只是配音更難，還要咬住演員角色的嘴說，不可過了，也不可話及口型動未完聲音沒了）我一直激賞配音人，音色尚不論，起碼是廣播劇高手和硬底子老演員！後來我也豁出去了，有什麼心事乃至情緒化語言都只寫信告訴那位廣播節目主持人兼配音員（配音員部份當時他常否認）參加過配音。

我從他廣播中的用詞遣字可以感受到他收到我的信了，人家很技巧的回應我、答覆我。我常感受到人家刻意以我的眼光看我在意的事件，以我的立場、角度看這世界。有時甚至不惜破壞節目質感的帶著哭腔做節目，連我都覺假，難為他了！眞的感激萬分！然而我想有時候他也很享受著我對他的欣賞、讚美、信任、依賴以及情愫的。辛棄疾說：「我看青山多撫媚，青山看我應若是」對無情的青山尚且如此，何況人是有情衆生中的萬物之靈。後來知道了我把其他三個人的聲音都認做是他，但那又如何，天天陪伴，伴我多年的可是他，而且我相信我最初尋覓的聲音，就是他。他廣播中叫劉傑，本名劉鵬傑。

走筆至此。看似不相關的兩個人，不相干的兩段故事，為啥相提並論？因為我接收到的訊息使我覺得，他們都留有前世註定今生必需與我相遇的印記。胡同學和劉先生的籍貫都是湖南，而據說劉鵬傑先生的哥哥叫劉鴻傑；胡鴻鈞弟弟是胡鵬鈞。和鴻鈞因為是同學，所以我知道他生肖屬蛇，天蝎座；弟弟肖猴，處女座。而同是人家弟弟的劉先生也是處女座。

印記情況未完。後來我又好不容易又匆促的結了婚，兩人之間並無感情，主要初婚之時發覺他「功能」是有障礙的，住一塊兩三月我還是處女，難怪肯娶殘障的我！我本想離開。但他問：「你離開後要去做什麼？」我回答：「我再去把空中大學念完；再去臺北各大錄音室跟班（看），能否有機會當配音員；再寫劇本、寫稿……」他則回：「就算你是唐三藏也要我這孫悟空保駕帶著你，才能去西天取經啊！」那時的我並未信任何宗教，未信佛，事實上我是排斥宗教，是恨的。而之前我因為是腦神經麻痺，行動狀況自嘲像猴子、猩猩，尤其發胖後像金剛猩猩。這回相反，第一次有人把我喻為唐三藏。其實當年我多年對宗教的不滿與責難，較像處處不滿、樣樣不服的、大鬧天宮的「猴齊天」。

然而終究逃不出如來佛的手掌心。後來我信了佛。三藏法師源於唐玄狀法師，之所以被尊稱三藏法師是多了不起，深入經藏、翻譯多少經藏，所以被尊為三藏法師。

這輩子我還好像得跟「張」這個姓氏有不解之緣。我是張家女兒，此生娶我之人也得姓張，也很不容易又不容易的生下了一個像訂作的般英俊的兒子（如果後來沒發胖）成了張媽媽。連我皈依的師父俗家也姓張。不該提師父俗家姓氏，那不成了馬祖道一口中的「西邊老婆子」了嘛！

我跟我兒子他爸爸之間問題很多，一言難盡，離婚離定了。但我用了「此生」娶我的人，因為我想只有這一次了，我不良於行又摔斷了膝蓋，而且「髮從今日白，花是去年紅」是不爭的事實。

還沒交待我孩子他爸的前世印記是什麼。他是屬猴的，跟胡鵬鈞是同一生肖，只是他是比我年長的猴，鵬鈞是比我年輕的猴；星座和鴻鈞相同是天蝎座；更令人吃驚的是他告訴我他本應姓「胡」！因爲祖父本姓胡，死後祖母帶著一兒一女改嫁張家，而這一兒就是他的父親，因彼此都已中年，不知能否能再生育，兒女從此改姓張，雖然後來還是又生了幾個弟弟。他是客家人，本應姓胡，不知和虎標萬金油的胡家有無關係？

我那長得跟定作般漂亮的兒子，是自閉兒，我覺得也是前世注定。容我以後有機會再說。

我說前世印記、前世注定，有人要說我是穿鑿附會也行，我是相信的。話說「一世修得同船渡，十世修得共枕眠」兒時鄰居，兩、三年護送我回家，和我玩、善待我……，長大後一名偶像，素昧平生，盡心盡力伴我多年，他們不只是和我同船渡而已，那麼深的緣，是幫我擺渡的人，這樣的緣份，不知是我幾世修來的？我兒他爸和我沾上了枕，但緣份之淺，聚少離多、且不能到老，這緣份也未修滿十世。同船渡，有。有一年我上大陸，同機遇上劉玉璞小姐兩夫婦，帶著一個漂亮女兒。……見我在香港機場哭的可憐，遞了包「面紙」給我，那段歲月中是很多人不願我露面來的，一位曾是「明星」的人，在飛機上叫她女兒稱呼我阿姨，眞是給足我「面子」了！我知道劉小姐夫婿姓張，姓劉和姓張的結婚，彷彿又讓我看到另一前世印記。雖然他們信上帝，先生是牧師，但曾同船渡。

童年的恩人我想他恨透了我的書包；成年的偶像我想他不喜歡我提我兒子；還有那未修

滿十世的人……。同學不給我消息，他是否安好、已婚、有幾個小孩……？偶像，我希望他能結婚、幸福，是什麼原因讓他抱單身主意呢？……前夫他屬猴，又在蔣公誕辰前一天生（蔣公字介石；悟空是石猴）所以他叫石生。但不孝的他已改了父母取的名。滾回你水簾洞去吧！我也當不起唐三藏！希望今生都「釋」然，來世我「釋」然！

我所佩服的人

從前看到有人對「方外」人士表示敬重；看到「方外」人士自己也好像一副把受人敬重視做理所當然似的，比方搭火車時，時常看到有人讓坐給比丘尼，比丘尼就受之無愧的就坐了；在耶誕節見到神父、修女對於教友所獻的紅包（奉獻袋）從不推辭的放入口袋……之類的情況，都很不以為然，認為大家同樣是個人，憑什麼你就擺一副高人一等的模樣？或許是因為歲月的歷練，使自己成熟了；也許是因為現在已有了宗教信仰的關係吧！我現在覺得，很佩服所有能夠為自己信仰的道理做出犧牲和奉獻的人。通常是出家人。同時也佩服一些能夠終生堅定自己信念的人。

先來說「方外人士」也就是各個宗教的出家人或修行人，他們通常都得比一般在家人或說世俗之人遵守更多誡律，看在誡律份上這些人就值得受人敬重。

更甭說利益衆生，服務衆人的胸襟，就更不得了了。這方面得從西洋傳過來的天主教、基督教傳教士說起。拿天主教的神父、修女來說，尤其是外國籍者，不能只在自己國家傳教，必須遠度重洋到別的國家傳教，不只來到中國，有時得到一些更落後的國家去，甚至深入蠻荒。而就我所知，他們每初到一些國家，都只受短時間的當地語言的課，就得傳教和做服務的工作。像把一生都奉獻給印度的泰瑞沙修女；像在臺灣收容、照顧身心障礙兒的九十多歲老神父……很多人把一生都奉獻在別人的國家；而也許是在同一個地方，也許多個國家。因爲在某個國家待上好陣子，又被調往他國去服務和奉獻去了。我就記得光啓社某位有名的神父，就從臺灣被調往非洲去了。

說到非洲，就不由人想到偉大的史懷哲。史懷哲算基督教宣教士吧？好像知名作家寫大地的賽珍珠也是宣教士？有許多傳教士或說宣教士都身懷絕技，尤其醫術，像深入非洲蠻荒的史懷哲就是；還有，把一生都奉獻給臺灣這片土地的馬皆也是，所以直到如今還有基督教馬階醫院。事實上，在臺灣基督教、天主教辦的醫院有太多了。

講到基督教的宣教士，基督教雖沒有牧師、宣教士得守獨身主義的誡律，但不少人一樣把青春都花在宣教工作上而終身未婚，爲人比較知曉的像是彭蒙惠，從二十幾歲的花樣年華，經過五十年，到如今年過七十，把青春都奉獻給臺灣這片土地和這裡的人們。而就算一樣結了婚，也不是外國人，像本國的孫越孫叔叔，不也傳「福音」和熱心公益。能夠爲社會、爲別人做些事的人，就受人敬重。

而提到基督教、天主教辦醫院的例子。在現在也被佛教、道教所學習，好比花蓮的慈濟醫院；道教也有恩主公醫院。

除了辦醫院，還有興學也是，在臺灣不只有天主教創辦的學校，也有佛教界興辦的大學。

接下來說到了我自己信的佛教。佛教的僧侶，尤其古早的出家人，給人一種只住在山裡自顧自的吃齋念佛，自耕自食，好像沒做什麼利益大衆的事。有啥値得敬重的？不是這樣的，佛教的出家衆都要遵守很多誡律，比丘多，比丘尼的誡律更多，佛教的觀念是衆生平等，將所有動物的生命都看成是平等的，五誡之首，誡殺生，就是要除了不殺人之外，所有動物都不殺，所以佛教的利益衆生，是澤及其他動物的。比天主教、基督教的善，更善。尤其是漢傳佛教的僧侶，除不殺之外，還不吃衆生肉。想想終生都不吃肉耶！不像在家人，可以說只是初一、十五吃素；或只守觀音齋的幾天；或只吃早齋，過了中午再吃肉；不吃牛肉……或我循序漸進，慢慢戒。就算有人，就像詩佛王維一樣完全斷葷血，還有，必須戒淫咧？這世上可是人人都有性幻想的，信佛的在家人可不行邪淫，出家人則要不淫呢！我開頭就說過，光就能爲了自己相信的道理就去遵守那麼多的誡律的人，光憑這樣就値得讓人佩服和敬重。

還有，佛教的出家人爲在家衆說法，告訴人佛法，使人得到身、心的利益，也是種功德。就好像基督教傳「福音」是一樣的。而出家人的托缽化緣，主要也並非在要錢、要吃的，而是要和人結緣，化緣、化緣就是要化你和佛的緣。因爲在人在缽中放錢時哪怕是一個問訊或交談兩句，也會在人心產生影響。或者啥也用不著說就有種力量產生。我想我最後之所以會皈依三寶，就是因爲前幾年在市場買菜時，遇到托缽的年輕師父，都會丟些買菜剩的零錢的關係吧！

另外根據我的了解，在從前寺廟就已有「慈濟」的工作，它並不是花蓮慈濟精舍，慈濟功德會行善時的專有名詞，是所有寺院都這麼做的。從前之所以較不爲人知，我想是因爲中國人較沒有做什麼事就得留名的觀念，像在西方，你可以知道西斯汀天蓬大壁畫作者是米開朗基羅；在我國沒人知道敦煌石窟、龍門石窟……是那位或哪些工匠開鑿的。還有中國人有積陰德的觀念，說出來讓所有人知道算不得功德吧！

而各佛寺在從前就有慈濟工作的事，我是在我三皈五戒的本師聖嚴法師的書中看到的。而如果我沒記錯，聖嚴法師，好像得到過兩屆的好人好事代表。

如今「慈濟」二字好像成了慈濟功德會的專有名詞，慈濟的工作也遍及全世界，人在花蓮的證嚴法師雖然沒出過國，但早已名聲遠播，用不著諾貝爾和平獎，但誰敢說證嚴法師不如泰莎修女？！而如今各大名寺，佛光山、法鼓山……在國內外除了宣揚佛法，不也都有出家衆帶領著在家衆的行善團體？話說到這就好，別太吹捧自己信仰的宗教。

還有一種人也讓我佩服，那就是終生堅持不信仰宗教的人，我在一開頭所說「終生堅定自己信念的人」就是指這種人。我在我空大課本上看到有位叫范縝的人，著作神滅論，主張人死了就什麼都沒有人，沒有什麼靈魂、意識的存在，說世上絕無佛、鬼。雖是古人，但我好佩服，因爲這種人若不如意、不得志，遇到天災人禍，拿什麼安慰自己，遇著親人死亡，他那死亡即消失的想法，會令他多難過？因爲再也見不到了，沒有來世。自己在面對死亡時又會有多害怕，害怕自己的消失？所以我眞的好佩服。因爲我自己做不到那樣的堅持，我無法安慰我今生的不得志，爲啥不良於行；我無法解釋臺灣九二一地震（死兩千多人），美國九一一事件（死三千多人），四川五一二地震（死六萬多人）一下子死那麼多不分男、女、老、少的人，難道他們全該死？因而想：「沒有輪迴這世上沒有公平可言」，所以我信佛，而將來有天我彌留之即我也不會害怕，我會想自己還有輪迴的來世，如果今生有功德，來世比今生幸福，甚至會直接往生極樂。因而反而佩服主張斷滅論、神滅論而終身不改的人。

身在何處都好修行

民間關於土地公的傳說有很多。小時候就聽長輩說過一個土地公生前其實是一名衙役。

故事是這樣的：土地公還是人的時候，是某個縣衙裡的衙役，工作是太爺升堂時喊堂威和處罰犯人時打板子。每回縣太爺動刑時都要求衙役們用力打，打到屁股皮開肉綻，血肉模糊為止，生前的土地公覺得雖然打的都是犯錯的人，有時甚至是事後證實是冤枉的人，於是他就想反正縣太爺拒離遠，就輕輕打，太爺要見血，他就在刑杖上鑽洞，塡上紅色素，用紙團、泥土塞住，打板子時震動，塞的物體掉了，板子洞中的紅色素水流出來流了挨板者一屁股看著就似打傷了，因土地公生前幾十年都這樣做，累積了許多人對他的感激感謝的功德，死後他就被玉皇大帝封做了土地公。這個故事就在說明：身在公門好修行。

最近各級學校都開學了，開學的第二天，我兒子的老師在聯絡簿上說，他們特教班的學生所有學生學費都由一位陳月青老師自掏腰包的付過了。陳老師的康慨解囊讓我不由得想到了，身在公門好修行，和兒時聽說的這個土地公的由來。

其實身在哪裡不好修行？我從小至今遇到的恩人、貴人無數，包括扶我一把，幫我推一下輪椅的每一個人。還有小時候的鄰居又是同班同學的胡鴻鈞，現在我家樓下開餐廳的房客，或許看我不良於行；丈夫不負責任；兒子又自閉症，還有著房屋貸款的壓力，所以都會給些他們員工吃不完的菜。我想全天下，房東受房客接濟的只有我們了！對此我很感激，實在怕增加他們經濟負擔，曾不止一次說眞的有剩才好給，別刻意留或多準備。因爲拒絕人家一片善意也不禮貌！且眞的好飯好菜全成廚餘都倒了也浪費。眞是又感激又茅盾！

至此我又想到有些人對佛教相信因果，所以看不起殘疾人的誤解。這麼說，佛教說供養佛是大功德，我借地藏王菩薩本願經上的話說：「……若遇最下貧窮乃至癃殘瘖耳聾癡無目，如是種種不完具者，是大國王等（總之健康、富有的人）欲布施時，若能具大慈悲下心含笑，親手做布施，或使人施，軟言慰諭，是國王等所獲福利，如布施百恆河沙佛功德之利。……」想想供養佛功德之大！一條恆河有多少泥沙？百條恆河泥沙更是多少？對不幸人、殘疾人布施功德好比供養百條恆河沙數量的功德！這般的功德您做不做？

且佛教信因果報應，慢說殘疾者，就算被輪入地獄者，受百年、甚至千年、萬年，罪報受盡，也有超生的時候。而且佛教還有法會的超渡，在地獄也可減刑，早日出嶽，地藏王菩薩說他：「地獄不空，誓不成佛」。

佛教把每個衆生都看成成佛之前修行中的菩薩，此生您見他殘疾或不幸的人，說不定來生在成佛的道路上比您要先行一步，再說又帶業往生之說，不定此生結束被我慢貢高者看不起的殘疾人就已往生淨土。

反倒是西洋宗教無法解釋人因何有際遇幸與不幸之別？甚至有些人一出生就跟別人不同？您能說老天高興玩弄某人？跟某些人開玩笑？把人當猴兒、當狗熊耍？還有，在最後審判前死亡的人到哪兒去了？且被判下地獄者永永遠遠沒有再出離的一天！比較起來，我比較喜歡發誓消滅地獄的地藏王！！

不管您信仰什麼宗教，或沒信教，此生對我好的人，已經比我先行了一步！覺得自己幸福、幸運、健康的人，甚至每個人只要看見比自己不幸或只是地方，就幫助人家一下。看誰先得道？修成正果？身在何處不好修行？！

由「放生」談起……

記得前幾天，在電視新聞中看到一則：宗教團體（不外佛、道教）舉行放生法會，有高樓大廈的都市中放生了許多麻雀，後來，卻死得到處都是；又過一兩天，又看到電視新聞報導說某知名法師被一家雜誌報導，籍著「放生」的名義斂了多少千萬或億（臨時忘了數目）。不知後項報導是否是前項報導的延伸？不過令我感觸良多。

首先想到，在都市中放生麻雀？麻雀做窩要有泥、有草、樹枝……等，都市中要它們上哪找？麻雀在糧食成熟季節可撿食些稻、麥穗，平時大多吃昆蟲，在都市中，就算不在高樓大廈間亂飛撞死，也會餓死。

而就算那些麻雀被放生在鄉間，平時也都吃小昆蟲。蝗蟲、蚱蜢、蟋蟀、螢火蟲、蜻蜓、毛毛蟲……。大自然會自行調節生態，但無端端被人類在一個地方加入許多麻雀，麻雀多，蟋蟀、螢火蟲、毛毛蟲……都會少，甚至沒了。沒蟋蟀，夏夜沒有蟲鳴；還有夏日的蟬鳴也沒了，您能想像嗎？螢火蟲也快在夏夜絕跡了！而毛毛蟲都被吃了，蝴蝶也會沒了。且有些蝴蝶還是稀有品種，沒了就絕種了。

隨便亂放生。對大自然而言，是在破壞生態平衡，無論麻雀死多少（撞死、餓死）；蟲子死多了都不對。麻雀死多了容易鬧蟲災、蝗災；蟲子死多了又使昆蟲絕種。若問慈悲？鳥命是命，蟲子命不也是命？不管死鳥死蟲子，都在殺生。我不殺伯仁，伯仁卻因我而死！

還有，有許多人一時好奇買外來生物當寵物，養煩了亂放生，也在破壞本地生物的生態平衡。像有一種叫琵琶鼠的鐵甲武士魚，個性兇猛，一身鱗甲沒有天敵，離水很久依舊能存活，被拋入臺灣河川，把當地河川生物都吃光抹淨，只剩它「琵琶鼠」。除了琵琶鼠；早些年的福壽螺……甚至大鱷龜；還有鱷魚都有人亂放生，破壞生態還不咬死人也嚇死人。

另外，早在我還沒信佛之前我就聽說許多有關放生的荒謬故事。有人愛放生，就會有人抓小動物賣給愛放生的人放生。有人曾買到一隻大海龜要放生，放生前卻發覺龜甲上早被刻有「某年某月某某某放生」的字樣。有些小鳥就一再的被抓來賣給人放生，被放了又重新被抓回，在這一抓一放間，打翻了多少鳥巢中的蛋？餓死多少雛鳥？多少公鳥、母鳥被分散？還是嚇死過多少鳥，可曾想過？就是有人愛放生，一些自然生物的生活就倍受打擾。

還有人也喜歡把自己養了多年的籠中鳥拿來放生放掉，但專家說久經豢養的小鳥，已失去了自己謀生覓食的能力，從小吃食糟裡的食物，出了籠子它不知去哪裡找吃的，只有死路一條。所以既然養了，就善始善終，養到它老死。

總之放生前要好好想想自己舉動眞能消業障，還是在造孽？

然而也不是都不能放生。記得也曾在新聞中看到某地河川整治成功，地方首長帶頭買了好多原本當地勝產的魚苗，讓一些大人、小朋友放到原河川裡去復育。雖沒有任何作法、誦經儀式，但卻是眞放生。

放生，要看機緣，不要刻意，也要無所求，不想它消不消業障；添不添福報？要純粹一片善意、慈悲，要想是此舉是對被放生者好，不是想對自己有何益，才是。

接下來，再談某法師被雜誌報導籍「放生」名義斂財的事。除了此事，我也想到許多類似、相關的報導，從宋七力、妙天……到小沙彌學院性侵害案；國外有神父對幼童性侵害；一直到……人家說基督新教是最附合人性的宗教，牧師可以成家，有自己財產。但在臺灣也還有像唐、林兩位牧師的案子，是非曲直，我不是法官、上帝，無從論斷人有罪、無罪。人怎報導，我怎看。

我想，只要是人都會有欲望，不管是出家人或神職人員也一樣。尤其是出家人或任何宗教神職人員，又比普通人要受更嚴格的道德約束，對於他們一時犯錯，不要太苛責。誰不愛吃？誰不愛錢？不管已婚未婚，誰沒有性幻想？誰不會偶爾生氣（打人、殺人由此起）？世上沒有人有資格去向萬一犯錯的他們丟石頭！

個人覺得，人在決定出家或決定擔任神職人員前，就要想清楚，自己是不是管得住自己慾望的人，三思而後「行」。一旦像佛教出家人穿上袈裟，或穿上神父、牧師的衣服，行爲就不只是個人行爲，所做所爲就代表一個大團體，要把團體名譽放在心中第一位，一旦犯錯，就好比學生穿著校服在外做壞事一樣，人家會說：「看，某某學校學生最差勁、最壞了……」，比方一個佛教出家人出了錯，人家會說佛教徒沒水準；會說出家衆不守清規、色中餓鬼……等難聽話。丟的是佛教徒、出家人的臉，雖然不是每一個佛弟子、三寶弟子都這樣，但害了大家同被罵、被恥笑。神父、牧師犯錯也一樣。我覺得出家人犯了清規或神職人員犯了錯，就應令犯錯當事人還俗或解除其職稱、職務，別留下。

還有，像宋七力、妙天，或任何宗教家、宗教領袖都要知道，現在群衆唯您馬首是瞻，就好像當年耶穌或佛祖有衆人跟隨，但我想他們最大的不同，是在於他們眞的是在告訴大家自己所領悟的道理，將道理告訴大家，利益大家，而不在爲自己利益、財富著想。耶穌沒有說跟隨我的人要拿多少錢來奉獻給我；拿多少錢來我給你消災解厄。佛祖也沒要人一定要供養多少；要花多少錢買靈骨塔……等等。不管他們當時有無特異功能、神跡、神力！一切都隨人能力、高興。佛家說法，是隨緣隨喜。而宋七力、妙天則有要求，且定有價碼。不知那位「海濤」法師，有無「放生」等級價碼？

各人覺得今、昔相比，不在於教主神通的眞假，而是在於是利益自身或衆生的心態，來分好、壞！

轉換心念，拒絕沮喪

在現今社會上一片預防、治療和探討憂鬱症的聲浪中，我不禁想起一些事，也有些意見想發表。

佛教禪宗主張：「無念爲宗」。消極的解釋是：「什麼念頭都不要有」；積極的講法是：「不要有壞念頭」。也另外有高僧提出：「一念三千世界」的理論。都在說明控制心念的重要性，換句話說是：「人要往好的方面想」。

而這：「往好的方面想」不僅僅是指「善念」而已，敝人以爲還包括：「對自己有利的方向想」，但前題是：「在不損傷旁人」，甚至是：「對大家都有好處」的方向最好，因爲合乎善念嘛！

在若干年前敝人鬧過許多一言難盡的笑話後，因年屆三十，一事無成，家父建議我到大陸尋覓對象結婚並定居。但到臨行前我有許多不捨與後悔，在中正機場人家見行動不便的我，搖搖晃晃還邊走邊哭的通關，還找來輪椅給我坐，航空公司的人員還陪伴到把我推上飛機，上飛機前我一直哭，我捨不得從出生到長大的臺灣；捨不得我未曾奉養留在臺灣的父母；放不下夢想；放不下我空中大學的功課，雖然我並未用心在讀，但丟棄了永遠畢不了業可惜；捨不得喜愛配音員們的熟悉的聲音，捨不得當時每天都在睡前陪伴，復興電臺的劉鵬傑先生……，直到被推上飛機，雖暫止了哭，但心情還是很沮喪。

到了香港等待轉機時，我又哭了。我一直哭、一直哭，半個鐘頭、一個鐘頭、兩個鐘頭……我想我離開臺灣這一走再也回不去了！我更「癡心妄想」的想也許沒離開，某些人、某特定團體或者已經「原諒」我了，只是還在「考驗」我，說不定「人家」早爲我安排好前途，也許是自己嚮往已久的配音員工作；說不定是所寫的稿子，甚至劇本會被採用；又或許是自己希望人選現身與我談戀愛，進而結婚；也許盼望的、努力的都有……我越想就越哭。還想到了大陸我會就此抑鬱以終，不久就死在大陸！直到我心念一轉——我可以說動大陸親人給我買回程的飛機票回臺灣呀！要如何才能說服？……。我雖是懷著「癡心妄想」而轉的念頭，但我馬上不哭了，也因心念的關係成功的又回來了。

回臺灣我又「努力」了好陣子。才明白沒有人爲我安排什麼。說不定巴不得我趕快放棄、早點離開！然而我拒絕沮喪，決定嫁人，除了婚姻，其他的事我也絕不放棄！婚姻雖談不上幸福，婚後兩年也好不容易生下了個英俊、可愛的兒子。

之後證實我長年的膝疼是髕骨斷裂。決定開刀治療，以期停止長期貼膏藥、吃止痛藥的日子。但原本行動不便的我開刀後卻完全無法走動，折騰好些日子，依然不能自行出門，得坐輪椅。沒關係，我還可以寫稿子、寫劇本。從前我寫的稿子有吊書袋的情況，我試著往生活中找題材；從前我常反對宗教，由於膝傷開刀時接觸了佛教，決定信佛以後，內容已不再反宗教；而在一些非宗教刊物、媒體，今後投稿我將會儘量少提佛教；而劇本我也從以前的古話本找故事，我也試著把現實生活故事三個溶合為一個故事來寫，雖然我寫得不好！但今後我依然會努力充實自己及練習，拒絕沮喪！

而寶貝兒子因說話比較遲，被評估為自閉症、重度智障！但我自己卻認為兒子只是因為，我一再開刀、住院、療傷，自顧不暇而疏忽了兒子，你只是因語言障礙造成的學習障礙、溝通困難而已。回想你小時候，見到祖父把頭探出三樓窗戶時你會嚇的哇哇叫；見到電視高空彈跳的節目就嚇哭了，兒呀，你哪裡自閉？一、兩歲時你爸爸帶你到廟裡玩過後，回到家見到大陸尋奇介紹廟宇風光、佛像等，你就合起一雙可愛的小巴掌拜著，口中說著：「拜拜、拜拜……」；看到體操選手作地板操，翻空心觔抖，你也要祖父幫你扶著打個滾的可愛模樣。我倒覺得你聰明伶俐。而且我可以感覺到你一直在進步，會的字彙越來越多，也會嘗試應用在不同地方，雖不見得用對地方。以前你還把卡通哆啦A夢叫成哆啦咪夢，現在你大概知道錯了，再也不開口叫，叫你說哆啦A夢你只是露出遲疑表情；見到電視影片的老虎，你高興的直叫「老虎」，但叫你說：「Tiger」，你也露出相同表情。我了解那種感覺，好比成人學任何外文一樣，不敢開口！

兒呀，你爸爸和祖父不讓你上特教幼稚園。情願讓你在公立托兒所中跟「一般」孩子，勉強自己去學習。媽跟你一樣再一大堆比自己強的人中勉強自己進步，咱們母子一起自己跟自己賽跑！也許你眞被人家說中，無法完全跟其他孩子相同，媽也許能幫你添個弟、妹，也許不能夠，總之要往好地方想，朝好方向努力，畢竟「心念」是很重要的，我拒絕失望沮喪！

家有小彌勒菩薩

在沒有宗教信仰時，我也會怨，許多不幸爲什麼是我？我，腦神經麻痺，六歲才會坐、學爬；七歲才學站；七歲才站起來扶著牆走；八歲才敢放手不扶東西走；家庭背景又不好；沒找著過工作；好不容易結了婚，但十週年的婚姻，實際生活加起來還不到一年；是不容易又不容易的懷了兒子，卻是自閉兒，發展遲緩。兒子出生後我才發覺多年膝疼是膝蓋早摔斷了！因我原本的病症，多次、多家醫院開刀也好不了，而不能走了。我是好努力才學會走路的，怎麼才三十出頭又讓我不能走了？早知道我不開刀了，如長年的以往，疼得嚴重了，吃止疼藥就好，隱隱做痛就忍著（以往一直以爲走路姿式不良引起的）。不能走使不幸福的婚姻更形雪上加霜；兒子自閉，現今一併在娘家給年近八十的老父養……。

偶然的機會接觸到佛教思想，從最基礎的十二因緣、四聖諦、三法印、八正道；唯識宗的粗淺認識：「眼、耳、鼻、舌、身、意之外的七層意識末那識，是你、我、衆生自我中心大本營，『我執』基地，記憶衆生累劫的體，充滿我見、我貪、我瞋、我痴、我慢、我任性……還有最深一層心識阿賴耶識，第七意識給它什麼，它就被末那所用，阿賴耶有「能藏」、「能薰」的功能，死亡訊號、出生剎那最先啓動它的反射功能，產生思想行爲模式……」；認識五戒十善……進一步認識了禪宗初祖達摩的二入四行論……才不再怨恨。

因爲每個輪迴到這娑婆世界的生命多多少少都帶有業障與福報。比方生在歐美富裕國家的比較福報多，生在非洲衣索披亞是業障較多。不良於行……等是我的累世業障。

照傳統的說法，生爲男身比女身有福報，好比男生可以自由享受性愛不必受懷孕和生產之苦；女身要修成羅漢、修成佛還得轉男生才行……等。我不是一個迷信的人！就我所知許多遺傳疾病多數或只遺傳給男孩。比方色盲、白子……等男子X、Y中的染色體中X染色體有色盲、白子問題造成，男子只有一個X，要此X染色體有問題就有問題，色盲是，白子（毛髮全白，皮膚也白，偏粉紅，眼睛色淡、畏光）也是，女生染色體X、X，兩X中只要有一個正常，這女孩就正常，除非這女孩倒楣兩X都有問題才會有，所以色盲、白子女孩少，男生多。還有粘多醣寶寶；ALD的疾病也都只傳兒子，原因我不懂不敢亂說。還有自閉兒也都男孩，因爲睪固銅過多造成，甚或什麼不明原因。所以業障、福報多少不在男身、女身，還是看個人。

我得之不易的獨子，因語言發展遲緩，活潑、對週遭物品都愛好奇亂動，被醫生鑑定爲自閉症、智能障礙。其實我想他應不太嚴重，也不會太笨。因爲他並非對人沒興趣，我見過他兩歲多主動接近其他小孩伊伊丫丫的想和人家說話，別的孩子因他不會說話躲開他還罵他：「神經！」兩歲多帶去看醫生時，在玩具箱中拿起一兩個玩具遞給醫生，兩手掐胸搖著肘（像翅膀揮）衝著醫師阿姨直笑。仿說現象也出現的很早，最早可追溯到兩歲多。沒有傻笑、張嘴流口水、吐著舌頭……等傻瓜臉。只可惜那時孩子的爸不肯承認孩子有問題，不肯辦殘障手册，不再就醫、不復健也不肯孩子上特教幼稚園！直到孩子上了公立幼稚園，四週歲後社會局及伊甸基金會遲緩兒早療輔導介入，才帶去再鑑定，領殘障手册，伸請殘障津貼、安排兩所醫院的復健及職能治療課，只是他爸還是反對他上特教幼稚園……。

我知道也許有人會說生下自閉兒是我不信某宗教的懲罰；或拿我家庭背景作文章，以道教承負說說是祖上做錯某些錯的報應。我倒想成在累世中我和這孩子的共業，一起做過什麼造就此世緣份。我是輕度腦神經麻痺；以我兒一天天進步情形，他將來會拿輕度殘障手册。我還是中度手册、因我膝傷已不會走了。而我膝傷得坐輪椅是我今生在貪求愛情，做不成夢中工作……種種怨憎會、愛別離、求不得苦時對世間的恨，對宗教信仰的恨（當時不認識佛法）對宗教界說出許多批評、大不敬的話的現世報，報應在我自己身上了，我很高興此現世報，不罰我來世，我願我來世不跛不瘸、不瞎、不啞、不痴……看機緣，如果未曾往生極樂的話……。而如果說是祖上的錯或我的錯才生下自閉症的兒子，那麼生下三個粘多醣寶寶的陳家；生下三個ALD三兄弟；呂家兩兄弟，不換骨髓就得喝一輩子羅左輪油……他們祖上或父母就做了什麼？除了科學說法的「遺傳」就是疾病者本身累世業報。其父母就是和孩子前世有某種緣，必須照顧他們。

況且，就我所知的佛法，人的業報是前世因加上今生的努力，行善、求醫、念書……經過努力，最後的結果才是今生果報。就算業障病，後天的努力、救治也可能改善甚至痊癒的，好比粘多醣寶寶若換臍帶血成功、ＡＬＤ換骨髓成功……，也像我兒接受復健、特教的一天天進步。

我本身也是殘疾人，在以前我也不能接受什麼今生受前世我已遺忘的惡因受惡報，我忘了跟沒做過一樣，罰我是不公平的！如今我兒也有殘疾，我卻覺得，見到今世為惡之人，好比背負數條人命的惡人就算判三、四個死刑也只一顆槍子兒就斃命了；殺父殺母的人……等，就算發願死後捐器官，我也覺得來世只能減刑、不能免刑才是。因希望為惡者受惡報才公平，所以甘願受報。

且佛法說眾生皆有佛性。我記得有回恆述法師說有位年輕人向她頂禮她也馬上回禮，因她敬他是未來佛。眾生皆有佛性「狗子有佛性也無？」旁生道不解修行，等它業報受盡轉做人身還是有機會修行。何況殘疾人也有幸生為人身，人可以修行，我今生不如你，如同賽跑落後了，來世乃至於幾世後不見得不比你早成佛，所以真正信佛的，不應看不起殘疾人，乃至下三道眾生，而是幫助，比如放生、辦超渡法會、放焰口，不是嗎？心若是悟眾生即佛！

如果眞如傳統認知男衆比女衆多福報，我生的是兒子耶，而且英俊清秀，端正有相不也是福報？被鑑定爲自閉症、發展遲緩，在他三、四歲時因爲好吃開始發胖，爲了容易照料，看來整潔些，常給他理大光頭，大胖個的他就如同契此和尚般，加上契此和尚說：「大道無名，『大音希聲』，大悟無道，大眞無外，大覺無妄，『大似無我』，大寂無定，『大用無爲』，大法無乘。」我想成天笑咪咪，甚至嘻嘻哈哈但不會說話時，不是「大音希聲」嗎？復健及教育至今，他已自己能說、能問、能回答、能寫些許中國字，會注音拼音、簡單算數，但第一人稱（我）第二人稱（你）第三人稱（他）的轉換常出錯，好比「給我吃」成了「給你吃」，「帶我去」說「帶他去」，因爲我他祖父說的是「帶他（兒子）去」，不是「大似無我」嗎？（這是自閉兒特徵），他很愛也滿會畫畫的，但畫畫有什麼用？然而沒用嗎？不是「大用無爲」無用之用是大用嗎？另外契此和尚在《指月錄》裡說：「吾有一軀佛，世人皆不識；不塑亦不裝，『不畫亦不刻』；無一滴灰泥，『無一點色彩；人畫畫不成』，人偷偷不得；形相本自然，清淨非拂拭；雖然是一軀，『分身千百億』。」我想正因旁人「不畫不刻（難畫難刻）」所以我兒自己畫，因「無一點色彩，人畫畫不成」所以我兒自己來添色彩，自己來畫。即然彌勒分身千百憶，因何不可能化一個我兒做分身？

再者，「彌勒」是未來佛，有可能是任何一位大菩薩、現世出家菩薩、在家菩薩，任何一位在我兒成長過程中幫助他的菩薩。也就是這「未來佛」可能是大智文殊菩薩、大行普賢菩薩、大悲觀世音菩薩、大願地藏王菩薩……想想如觀士音菩薩誓願：「衆生不悟，不成正覺」；「地藏王菩薩：「我不入地獄誰入地獄，地獄不空誓不成佛」……等誓願多麼難？誰會最後成佛？還是一切的出家、在家衆誰會這尊未來佛？而所有幫助過我兒的人，不論您有無信仰，信什麼宗教，都是佛法所說修行中的菩薩，也都可能成「未來佛」，而我的自閉、發展遲緩的兒子像布袋和尚，未必就不是彌勒菩薩，教他的、幫他的、給他開智慧的人也就是助彌勒早日成佛不是嗎？而契此和尚說：「彌勒眞彌勒，分身千百億；時時示時人，時人自不識。」因此有人以爲契此說自己是彌勒化身，把原本瘦瘦的彌勒塑成他胖胖的型像。我想他原本意思是要人把衆生當彌菩薩吧！所以所有覺得遇冤親債主、怨憎會；家有殘疾兒的父母，都當是在幫一位菩薩，一位未來佛，自己也是孩子的菩薩，布袋和尚不是說，「若逢知己須依分，縱遇冤家也共和」嗎？

宗教是不可或缺的營養

我知道與宗教相關的話題是滿令人討厭的。尤其不同宗教信仰的人，甚至完全沒有信仰宗教的人，盡量別題。

但我還是不得不說。因不久前，自己曾在一篇投稿中提到「……如果宗教是精神鴉片……癌末病人還不是得速賜康、嗎啡照打不誤……」類似的話。事後想來，受限於篇幅，也是一時偷懶，覺得話說的太簡化，有再做細微表達必要。

先說明，我沒有思想上的問題。「宗教是精神上的鴉片」是起源於馬列主義的宗教觀：「一、宗教源自於對自然的恐懼；二、是源自對階級社會現實『苦難的控訴』；三、是人的一種自我否定和異化；四、是終將消亡的一種社會現象」。於是社會主義的中共就發展出「鴉片論」了！

然而宗教最初故然是源自於對自然的不了解、害怕，隨著時代進步，科學、醫學的發展，人對自然了解更多了，知道了打雷、颱風……等的成因；各種疾病、病變成因。

可是誰能說他對自然完全了解？我覺得有「生命」的存在，本身就令人不可思異。而生從何來；死從何往？對各個宗教的說法，科學和醫學無從證實，也不能否定。若說生是莫名其妙生，死了也就什麼都沒了，生命就一點意義也沒有了！

世間的苦難並不只是馬克司、恩格司所說：「只是經濟上，上層社會剝削社會低層；以及，統治階級奴役和壓迫被統治階級」所造成而已。一個人是富有？是貧窮？是統治階級？被統治階級？能否功成名就……就看天賦（自然形成；業力所感）的能力；還有際遇；膽識；自我努力程度……等條件。不是出生在上流社會，是豪門世家中財富雄厚；政治世家，祖父、父親是統治階級、從政經驗，就能佔到便宜！據說，王永慶最初只是米店送貨小弟；高清愿也是學徒出身；連近幾年在大陸賣康師父方便麵的魏家兄弟，頂新集團，出身都只是租來的食用油行……陳水扁則是佃農之子。出身豪門、政治世家故然有子承父業、克紹箕裘的，但也有敗家子、富不過三代之說。甭說得多嚴重，印象中，味全公司就被頂新集團買走了；國父的後人、 蔣公的後人如今都在哪兒？

世間的不公平，幸與不幸，非完全由人為造成，也非人為所能控制。每個人天賦除了高、下之分，有人靠智力吃飯；有人靠體力生活；有人數、理是強項；有人人文素養較高；有人懂音樂；有人會繪畫……除此，世間還有著不同家世背景；甚至還有著不同類別，不同等級的殘障；每個人壽命的長短也不一樣，怎麼能公平？

有人說，生命是短暫而且多變的，也就是佛家所說的「無常」。故然很多人天生殘疾，也有些人雖非天生殘疾，但一場病（小兒痲痺）殘了；一場車禍坐了輪椅，甚至全身癱瘓。或好端端生場大病，生命就已然告終，每年公佈的國人十大死因之外，任何病都有可能死人，包括感冒（老人家）、還有前陣子 SARS 都能死人。

說到死亡，誰不怕？尤其在世上過得越是順遂、得意的人。所以早在秦皇、漢武……直到現代醫學，都在尋求長生不老的方法。

世間的不幸，除了自身的不測，還有親人的傷、病，甚至過世。這裡的親人，不只指年老父母；也可能痛失的是手足；喪偶成鰥、寡；最甚，是白髮人送黑髮人！

當年的秦始皇派方士出海找仙丹；漢武帝要方士煉丹求不死藥的情形，可以說就是一種宗教。世間的各種宗教對死後世界的描述有：「來世、陰間、黃泉、天堂、生死（六道）輪迴、往生極樂……」甚至時至現代，國內外也還有許多所謂瀕死經驗說，有人說：「看到醫生、護士在給他做心肺復甦、心臟按摩、電擊……等，而他自己只能在天花板上看著一點忙幫不上。」；有人說：「來到一花園前，她童年的一位鄰居老伯伯在花園柵門口伸手要迎接她……」也有人說：「到一個滿地好花、仙樂飄飄的地方……」有說：「見到光的遂道……」；「見到床上原本自己躺的地方躺著一頭死豬，四週親人哭喊、哭泣……」；還有人說：「被趕下巴士，就醒了……」……等，都正好可以安慰面臨死亡的人，除了身體苦痛之外，不會有心裡恐懼。面對親人過世者，也不致太傷心絕望，會想有另外一個世界在；另一個制度在，更也許將來能再相見。

雖說世間「無常」，短暫多變。但有的人，不幸福卻是生命中的常態。有人終身貧窮；有人終身殘疾……所以尋求宗教慰籍，想上帝或佛祖是愛我的，我積德行善，將來得上天堂或修來世得人、天福報，甚至往生極樂。

又比方古時的寡婦，常年輕輕就喪偶，就得終身守寡，很多連子女都還沒有半個，甚至是守望門寡！甭說古代，在現代也有人終其一生連一次婚也沒結過；也有喪偶成鰥、寡後就此失婚的也大有人在（經濟的不容許再婚；擔心子女不能被善待；子女意見……等考量），宗教也發揮了極大安慰作用。我就記得施振榮的寡母，就信仰「地母」終生念經茹素；印象中，還有聽藝人趙樹海說過，他有位大姊一直沒結婚，她信仰基督教。

當然，也有人自己選擇單身，好比任何宗教的出家人，也有即便未出家，也成了終生單身或說「抱獨身主義」的人。其實選擇「凡人」生活的人，愛情、婚姻也不一定順遂、如意——失戀、離婚……等。或像我就做了幾年掛名夫妻！而不管出家、未出家，是自願或際遇不得已半自願，也許錯過適婚年齡，或中途意外……每個人背後各有各的故事、心路，不說誰知道？

耶教說人有原衆；佛教說人有業障，人世間就是苦惱、麻煩不斷。工作有壓力；失業也有壓力；結婚的人有結婚後的苦惱；不婚也有不婚的煩惱；連青少年甚至兒童都有課業壓力、人際關係的煩惱；給年長父母做清潔工作、給嬰兒換尿布；自身的身體不適；乃至於只是內急一時找不到廁所……都難受！記得作家張愛玲說過：「生命即麻煩」人活著，生、老、病、死、愛別離、怨憎會、求不得、五陰熾盛，連出家人也躲不過。人很多時候會力不從心，無可奈何。佛家說：「沒有煩惱、苦痛不成娑婆。」人在力不從心、無可奈何時，尋求宗教慰藉，怎麼能叫「自我否定的異化」？人在生病、疼痛時使用些「鎮痛劑」是在所難免的，好比普拿疼、百服寧、五分珠……等，而要動手術的病「麻醉劑」更是必要的。沒錯，鴉片在近代中國是有太多負面形象，然而我聽說想當年華陀與人開刀，就是用鴉片當麻藥。再說若已進安寧病房的人，求的只是別痛苦就好。可見「鎮痛劑」、「麻醉藥」只看什麼人在用，用在什麼人身上。

而若說：「宗教必將消亡」更是不可能，因爲世間沒有決對公平的事。先不討論共產主義是否能推行至全世界，就算社會主義眞能做到讓這世界大家共產沒有任何個人意見，資本均分，沒有階級。但每個人壽命還是無法一樣長；智商也不可能一樣；不可能叫所有人一生都不生病，直到死亡，死的時候生同一種病，或將將要死的人集中在將有災難的地方（地震、洪水、火災、大爆炸）一次消毀；也不可能每個男人到一定歲數發一個老婆，每個女人到一定年齡配個老公，要他們不可吵架，不可有自己意識、意見，不可外遇、離婚……。

在以前，我還年輕的時候，我以爲信宗教的人都是些愚夫愚婦。在西洋宗教的神職人員，還有所謂神學院，信徒的學識、智能就不一定。東方宗教，尤其本土宗教就信仰者從神職者到一般善男信女很糟。後來我才知道有太多有知識、有學問的人都有著宗教信仰，像趙寧博士信佛；立委丁安中也信佛教；我手中有本「認識咒語」的書，作者林光明是應用化學研究所畢業，還通達英、日、義、德、梵文，著作等身，他也信佛；曾是知名大學校長，如今是教授的李家同信天主教；王健宣信基督教……。耶教的神職人員自不待言。佛門僧寶如今也是滿是學識的佛門龍相，像我的聖嚴師父是留日博士；最近常在報上見其大作的人間福報負責人依空法師，也是教授級人物；空大面授時我也常見到許多相貌清秀、莊嚴的出家僧寶（比丘尼、比丘都有）他們佛學院在校生或佛學院畢業，自不在話下，我在理則學的班上遇到一位成績驚人的不願我對人透露法名的師父，她私下告訴我她是某知名大學碩士畢業，難怪人家不像我一點數、理，文字以外的符號思考能力都沒有！……就連民間信仰的乩童，具報載，也有留學碩士被「神明」徵召。

其實時至今日，宗教界所扮演的角色已不只是「鎮痛劑」、「痲醉藥」。甚至是健康食品、維他命，是必須品。宗教界辦育幼院、老人院、醫院、學校……慈善事業更不用說，甚至還有文化事業。伊甸基金會幫助多少身心障礙者、創世基金會幫助多少植物人、遊民……，九二一大地震時各宗教的慈善團體不分彼此的參與救災……慈濟的慈善事業；世紀展望會，都是有名的跨國際。而行善的不分宗教也是有目共睹的，創世對植物人的幫助；也有信佛的人參與；世紀展望會也有信佛藝人的參加；慈濟在國外也有不同宗教信仰者加入。其實跨宗教的合作，不只只有在社會，也有家庭，「認識咒語」的作者林光明信佛教，而他的夫人陳慧珍，是天主教徒，但在經濟上卻無限制的資助林光明出佛學方面的書。

不管您信什麼樣的宗教，甚至沒信教，行善或做對全人類有好處的事都是好的。照我信的佛教的說法，信佛、禮佛有機會往生極樂，非佛教徒行善，照樣會有人、天福報。人、天福報，下輩子再當人的福報，當大富、大貴的人；無災無病的人，會中樂透頭獎的人……，而天報，就是輪到天道去享福，也就是「外道」——指天主、基督、甚至伊思蘭教……所說的天堂。只是佛教認爲天堂還在六道之中，福報受盡也還得輪迴。

您、我都還沒死過，至少此生未死過，怎知沒另外的世界，另種制度法則在？！

我沒輕視其他宗教，排斥信他教的人

自從皈依佛、法、僧三寶，說的話似乎都在解釋「外人」對佛教的誤解，都說佛教好，別的宗教怎麼樣怎麼樣的不好。尤其是說到道教及我國的民間信仰時總以迷信批評！

我想很多人是跟我一樣，從小到大接觸過許多各個宗教的思想訊息，經由經典、文宣、善書……乃至於人所傳播。尤其是至今還在念書的我，在歷史、哲學相關的課本上看盡中、外、歷史上各種思想（包括宗教），什麼南北朝儒、佛之爭；基督教新、舊之爭……，有神論、無神論、一神論、多神論、泛神論、唯心論、唯物論……等。過盡思想千帆我依然抉擇信佛。我認爲所謂宗教「信仰」的「仰」有仰慕、景仰、希望的意思，「仰」這個字很傳神、貼切。宗教是在探討生命從何而來從何而往，世上的道德公論所謂的是、非；善、惡，和您、我現世甚至「將來」際遇好、壞，是苦是樂的相關性。這些都是沒定論，無從證實（好比死後世界）。接觸過的許多說法，個人比較喜歡佛教的說法，「希望」答案是如佛教所說的樣子，「仰慕」佛教思想，所以說「信仰」佛教。至於您或他「信仰」其他宗教，無關緊要，各人自由。死後世界的眞相如何？如佛教、如其他宗教所說，甚至是無知無覺……都不是重點。

我也沒有輕視其他宗教。更沒有否定道教及我國一般民間信仰，相反的很喜歡。以民間信仰「祭祖」來說，該在遠古時代就有，那時還沒有宗教信仰，連道教也無，後來儒家思想也提倡「愼終」——對父母養生送死。「追遠」就是祭祖。當時人還不知有佛教輪迴之說，只說人死爲「鬼」，「鬼」者「歸」也，祭祖是要人記住自己這一身是祖祖輩輩傳下來的，的孝道。除了「愼終追遠」的孝道，中國人還把在世時立功、立德的人供做神明。連孔子也沒有否認鬼神，只說「未知生焉知死」；「未能事人焉能事鬼」；「敬鬼神而遠之」……對鬼神存而不論。

把立功、立德之人供做神明。自古至今很難說民間信的神明就是「道教」！若我沒記錯，所謂「三官大帝」是堯、舜、禹三位，分別是天官、地官、水官。大禹治水有功有禹王廟是水神；李冰父子建都江堰，也被立廟奉侍爲水神……，孔子、孟子在文廟；武聖是關羽，還是岳武穆？孔明、蘇武……藥師王；還有桃園景福宮供的是關漳聖王；說到這，知道臺灣爲什麼「太子宮」很多，您當供的是封神榜中的那吒三太子？好像大陸沒人供！其實大概供的是鄭成功的孫子輩，鄭克塽！在權力鬥爭中遇害，還很年輕，因爲政權交替，政治因素從明鄭、清朝……至今，最初人不敢明說供誰，只說供太子爺，一傳十十傳百也傳過數代，在當中早傳成了那吒三太子了。君不見臺灣「太子爺」神尊和穿著紅肚兜，紮兩丫髻的三歲娃兒型像不一樣?……被供爲神者太多了，連近代的 國父、蔣公都被供做神，還有廖添丁受人供還能理解，那李師科聽說也有廟?

許多廟與其說他是道教，不如說他是民間信仰。有些廟連道教都說是「陰廟」，像十八王公廟，聽說就是遇船難死亡的十八個人和一條狗。還有「有應公」廟，我小時候我媽的說法是「幼王公仔」廟，好像是收集一些沒人收埋的骨骸，其中大概爲數不少夭折嬰兒。我不良於行，我媽常說:「腳骨提去幼王公仔彼換換啦!」還有一些孝女，節婦的「姑娘廟」都屬陰廟。

說到「姑娘廟」。可見中國人除了立功、立德的大男人，對孝女、節婦也是很推崇。說到孝女、節婦，我在想最早「媽祖」可能也在孝女、節婦之列，像三國時曹操、楊脩猜「絕妙好辭」曹娥碑的曹娥;澎湖七美嶼的七美……一般的孝女、節婦，後來傳傳傳……供媽祖的人越來越多，就成今日局面。當然，這只是我這麼想啦!是不是……我不知道。我想「媽祖」一定有很多好德行，做了許多好事!

說到民間信仰，說到關公、媽祖……可以說祂們屬道教。但關公除了道教說祂是關聖帝君，佛教也將其和韋陀一般奉爲護法;媽祖也被中國沿海和臺灣人供做佛教西方三聖之一。

所以在中國人的地方是民間信仰和佛、道不分。祭祖是中國民間信仰，天主教傳入中國接受了中國祭祖的習俗，這點天主教做的很好。只是天主、基督教堅信一神，不信輪迴的情況，很難融合成中華文化之一。沒關係，佛教傳入中國早多了，所以佛學成爲中華文化一支，禪學更是在中國自己發展的。至於整個基督教，不分新舊，堅持「信主才能得永生」不信主怎麼都不能得救，得死後下地獄的想法是可以被理解的，在只有單一宗教存在的社會，人們不知基督宗教以外還有什麼思想使人善良？不善良只能下地獄了！

雖說佛家八正道中的「正命」要佛弟子不可替人算命、占卜、看風水、消災解厄、降妖除魔……等江湖術士手法維生。我卻相信部份屬於中華文化國粹的眞實、合理性。那就是看相，看相的書我還看過不少，什麼「痲衣相法」、「柳莊相法」、「冰鑑」、「鐵關刀」……還有一些現代作者出版的手相、面相書。對於八字、紫微斗數也相信，舉一例，我的不良於行從紫微斗數裡看得出來，我命宮中有「擎羊星」！不過我是不會以看相謀生的。而且這「正命」是約束出家人的。出家人可以做佛事、辦法會維生，僧人是可以替人「消災解厄」就是替人做做佛事，不外念念經而已，信徒可以自己念。除了做佛事收入，還有信衆供養、出外化緣外，自己也做正當謀生，像「慈濟」他們就做些蠟燭、醬菜、剝皮辣椒……來賣錢。而我國叢林式出家，廟方好像也有田產，可以自家種糧、種菜維生，廟中生活也是各司其職，據說有「一日不做一日不食」的說法。

除了相信看相，我也很喜歡我國一般民間信仰的大拜拜、廟會、神明出巡、繞境……等活動。畢竟在我生命中最早接觸的就是這類民間信仰。大拜拜對小孩來說，第一就是有好吃的，大人會準備吃食拜拜之外，印象中，小時候不知是啥好日子，桃園景福宮有一隻隻用糕仔、紅龜粿�的大龜擺著，聽大人說，是給人抽的，抽中來年要還個更大的。小時候住西湖里時，景福宮每年正月十七有大拜拜，開漳聖王會出來繞境，都會經過，有神轎和鑼鼓宣天，還有天兵天將的大仙尪，不外：「七爺、八爺、千里眼、順風耳……甚至後來連太子爺、濟公都有了」小時候最愛看這個了，認識的、不認識的一仙仙認；還有把一個個漂亮小娃兒（小孩子）打扮得跟唱戲的一樣，穿古裝、戲服、綁高高的在車上，也是天上傳說衆神仙，有八仙、七仙女……甚至西遊記、封神榜都出來了。令我印象最深刻的一個那吒被綁得高高在上，好小喔，大概只有三歲，不超過五歲，腳綁在一個自己會轉的獨輪車踏板上，已在打瞌睡，車輪卻一直在轉著，就是在某一次桃園大廟的出巡中。

這類活動中，除了大仙尪、藝閣外，有些還有踩高蹺、跑旱船、老背少（公背婆）、宋江陣、八家將……等，甚至舞龍、舞獅，好不熱鬧。這種活動，動起來好像不只是一座廟的人，所有境內所有鄉里百姓、宮室、廟宇，所有陣頭一起「鬥鬧熱」。一路走著的隊伍中，在前面暫時過不去的情況（塞車；紅燈）或走到人多熱鬧的地方停下來要一陣。然記憶中，好像小時候這類廟會、隊伍都比較長，陣頭多，式樣多，現在則好像減化也簡化不少。

這種民間信仰的遊藝活動，好像比較多在正月，也有在農閒月份。這些都是中華文化的部份，有很多都是各地共通或相似的。好比台灣的「藝閣」。到了山西好像叫背棍；家父說河南也有，他家中二月二也有個廟會也有類似方式；在大陸尋奇中有個客家莊也有祭魁星時，把一個個孩子打扮成戲台上狀元模樣擺在滑動的車上遊行。還有，大陸北方有秧歌；在臺灣也有「牛犁歌」。有些地方會因地域發展出有特色的遊藝項目，好比山西的大鼓隊；臺灣的宋江陣。有些在路上行，有些水上走不一而足。至於過年的舞龍、舞獅更是有中國人的地方，都有！

這些因民間信仰發展出來的陣頭，或說獅頭社火的遊藝，就代表著中華文化，我一直很喜歡，也喜歡廟會或年節那股子焚香的香味和放鞭炮後的煙哨味。那感覺好比侯德健的那首「那一盆火」：「……曾經是爺爺點著的火，曾經是爹爹交給了我，分不清到底是爲什麼，愛上了雄雄的那盆火」般，有種從民間信仰感覺到文化的傳承和歸屬感。所以我沒有鄙視民間信仰，民間信仰又好像跟道教相通的，有時就是道教，道教和佛教又是分不開的。只不過佛教給人的感覺，是出世的，重視來生。民間信仰和道教比較重視現世的福報，供品擺上香點上就求這求那的，有時沒供品只點香就求了！記得有陣子有線電視宣傳拜什麼五路財神，八路財神的，就在教人求財；求姻緣拜月光；求祿利功名，有文昌、有魁星……求福、求壽、求子也都各有神，此外道教也有畫符張貼或泡水喝來降妖、驅鬼、治病……等，還有食服、打坐等養生名堂，較重今世、此身。

我沒看不起民間信仰和道教。同樣我也不反對天主、基督教，只不過在說明自己決定信佛教理由時，拿天主、基督教義做比較用以說明原因。相反的若有人沒信佛，卻信拜拜（民間信仰）我倒希望他信天主、基督教，有明確教義可信，比只會求福報，甚至相信香灰、符水……要好多了。

說到宗教教義的比較，其實每一個宗教都有被人不讚同的地方。像基督教就對佛教說人這一世有殘疾是前世業報很感冒，認爲很傷殘疾人的心而不信佛。其實佛教此說立義是要人在遭遇不幸，不公平時用以自我開解的，達摩的二入四行論是要信徒自己遵守的，不怨天、不尤人。再說人的業報是累世業報，在你這一世因緣成熟而成，再說人的一世所遇到的事情也不一定都是壞事，沒有殘疾的人也有病痛、貧窮……連壽命都有比別人短的人，然而好比賽跑時一時跑輸了，說不定來世我就贏過你，又好比玩「升官圖」有進有退，看誰先達目的地，佛渡有緣人，說不定苦命人比你我先達目地，先往生極樂！眞正信佛的人看到不幸人、殘疾、貧窮，是伸緩手，是幫助。不是鄙視，甚至告訴人家你這是前世業障！如此說明你說不定你業障比人還要多，只是不是表現在殘疾上。依佛家的說法，人之所以還轉世成人，就是業障太重，否則你早就上天道甚至往生極樂，而不是投身在這娑婆世界。我不幸不良於行，爲什麼是我？我情願相信是前世業障，好過只這一世上天卻開我玩笑。

反正人生來就是要來受苦的。基督教也認爲如此，因爲始祖得罪天主，所以男人要辛苦工作，女人在痛苦生孩子……。又記得一個牙痛人的故事：「一個人他鬧牙痛……走進一大房子裡，有好多十字架，大大小小，背背看，大的背不動，小的又太輕，找到一個剛好的，一看，上頭寫著『牙疼』。」而我背的正好是一個不良於行；後來又來一個生下自閉兒；接著膝蓋摔斷、勒帶撕裂傷使我寸步難行；然後離婚……一個個十字架是上天看我背得起？還是我前世業障？

只要是宗教，除了教義就是神話部份。而神話的存在正是人們心中所嚮往。人們都嚮往有個理想境地；強大奇異的力量或崇敬對向；這股大力量、大能力是站在善良、正義、道德的一方……，這些嚮往離開宗教也會形成人們各式的幻想。試想從被列入學術思想的伯拉圖的「理想國」到彼得潘的夢幻島，就如同宗教裡的天堂、極樂世界；彼得潘會飛，是多少人嚮往的超能力，長不大，就是說長生不老，連我國秦始皇、漢武帝都曾幻想，除了會飛、長不大的特異能力，強大的力量也是人們所幻想；好比「超人」，記得有人說超人就是耶穌的化身，故事中有外太空父親好比天父上帝及他被放進地球人類的世界，擁有超人的力量，站在正義、善良的一方。有神奇力量的人維護正義，所以日本桃太郎要去打鬼；中國孫悟空收盡了許多妖魔鬼怪……人們對於奇異能力的幻想創造了多少神話故事乃至現今的卡通？就連哆啦A夢（銅鑼衛門）也因百寶袋中許多法寶而擁有許多不可思議的能力，簡直可以給他封個「多寶佛」，然而再好的法寶，也要使用得當，不然每次都被大雄，甚至胖虎、小夫用出皮漏來！……到了二十二世紀眞會有那些東西嗎？管他的，那只是幻想！不過也難說一、兩百年前，沒有電燈、電視……電腦、電話，現在不但有電腦、電話還發展成無線的，越來越輕薄短小，甚至人手一機，電影的發明至今也不過百年出頭！

神話是每個人心中的需要，也是每個宗教的一部份，然而卻也是不信教或信其他宗教者反對的地方。而我在面對信仰與神話之間自有一把尺。面對符咒和香灰是怎麼想？天堂、地獄之說有何感想？

我沒有看不起或反對任何人信其他宗教。在修過紅樓夢賞析，我覺得劉姥姥跟一位拜訪過幾次的修女很像。劉姥姥每見賈府一樣好東西就念聲佛，跟修女對天主的虔誠相同；劉姥姥沒受過什麼教育，卻很聰明，修女所接收到外界的訊息不多，只接觸聖經，但很聰明。

信佛是因爲不願在信主得永生的小方舟外的生靈都會被淹沒，不能被大禹治水給救嗎？方舟內外生靈不能都有活路，都有輪迴嗎？

過盡千帆、成長、了解過後決心信佛

在自認為懂事以後，有很長時間是沒有宗教信仰的，甚至是反對一切宗教。這跟無神論思想，及最初接觸的宗教，的教義令我覺得不合理，而認為所有宗教都不合理，不要信。

認真追溯起來，最早，也離我生活最近的應該是臺灣民間信仰。換句話說就是「拜拜文化」初一、十五或初二、十六拜土地公、拜地基主、拜門口、拜祖先；年節或某神明生也是拜拜；在地廟宇拜，也到外縣市去進香；媽祖生、王爺生……等。平時並沒有翻看什麼教義經典；念經、念佛什麼的。

嚴格的說，除了生意人，也沒有每月拜兩次土地公，土地公也多半在有年有節才拜門口拜一拜，然而跟七月份普渡的拜門口又不一樣。然而無論拜什麼，什麼形式的拜拜，家裡拜、進廟拜、甚至到中、南部去進香，我都覺得滿喜歡那氣氛、那味道，覺得當時人的心情都是愉快的；也喜歡拜拜燒香時香煙嬝遶的香味，有時還加入了鞭炮的硝火味，還有那燒金紙時那火把臉烤的燙燙的感覺；還有小孩子還高興拜拜，拜嘴空，即便是小拜一下，都有糕餅、水果可吃，年節時更表示有大餐、有肉可以吃了！想想以前，要不是拜拜很少買水果，更甭說糕仔、麻粩……這類東西，且年節才有所謂的三牲，雞、一塊肉、一條魚，有時魚還會被豆乾替代。再來就是廟會或年節時的陣頭，或說獅頭社火、神轎、大仙尪、藝閣……。好熱鬧、好快樂！但自認已懂世事的我，心中卻不相信有鬼神。

再來接觸到的是天主教，才算是一種眞正的宗教。起因是家父曾任某天主堂幾天的廚師，於是受邀受了洗，被教了些天主教義及教儀。

之後跟天主教的關係時遠時近，遠時或說冷淡時就置之不理，近時在家也會念念天主經、聖母經……什麼的，而不論遠近濃淡，母親、家裡都照常年節拜拜、遊攬進香。

就算如此，在懵懂無知的年紀，還以爲天主教是最好的宗教。跟基督教相比它比較中國化……不！現在該說本土化，也或許傳入較早，入境隨俗，不禁教友祭祖，甚至拜時拿香，我更甚見過天主教告別彌撒有向逝者捻香情形，也比基督教保守，或說守舊，神職人員：神父、修女、修士是不婚的，情感表達上是內斂的，不像基督教把愛掛嘴上的肉麻當有趣，有些教派禮拜時甚至搥胸頓足、痛哭嚎淘、涕四縱橫……，天主教祈禱的經文——天主經、聖母經、聖三光榮經、痛悔經……等都是格式化的中式文言文，認爲較爲國人接受。跟佛教相比？當時，或說懵懂的以前，並不知佛教，只以爲拿香拜拜就是佛教，而拜拜是「拜嘴空

（洞）」，覺得是只有老土、傻瓜、愚夫愚婦才會信那種宗教！

後來我才知道佛經除了梵語、咒語，佛經也是中國文言文。我國四書五經都是文言文，也許外來宗教進到中國，都想被中國知識份子、讀書人所接受，經典都以文言翻譯，然然除了語譯還有保留外來音的音譯，好比般若波羅密多心經的：「揭諦，揭諦，波羅揭諦，波羅僧揭諦，菩提薩婆訶。」就是梵語之音，同樣的天主教也保留有外來語發音，好比「彌撒」、「阿門」、「哈利路亞」……也是直翻音而已，就我所知「彌撒」是「解散」的意思，望彌撒就是巴望著主日不工作到此集合後的解散，解散後就自由活動一整天；阿門是禱詞完畢的結束詞，相當現代講無線電對講完時的Over；哈利露亞則是歡呼聲，好比：太棒了！萬歲！至於佛經中保留梵音部份也是說穿了也沒什麼，在此我保留由專家去解。佛教傳入較早，甚至經過我國人發揚光大，已成中華文化一部份，天主教的傳入多少也借鏡佛教做法。

接觸到認識到接受佛教信仰是從一本人家送我的正信的佛教開始的。在此之前我是個認為這個物質世界才是眞實世界的無神論者。

因爲在多神或泛神論，如一些原始民族認爲山川木石都有精靈，風雨雷電也都是神……，那是因爲先民對科學的無知，對大自然的力量，尤其天災地變時的害怕發展出來的，從祭拜它不降災——如下太大雨會大洪水，不下雨會旱。發展到諂媚的祈福，雨水剛好就有好收成……之類的。一直發展至今不但古能人、善人……如關公、媽祖……被崇拜。連「大樹公」、

「石頭公」都有人拜不打緊，連小說作者創做出來的人物——封神榜的李哪吒；西遊記裡的孫悟空（大聖爺）、豬八戒（色情業者）都有人拜。感到無知與無稽，所以不信。雖然喜歡拜拜的氣氛。

而多數的一神論宗教：天主教、基督教、依斯蘭教（回教）……等，我覺得都缺乏胸襟。首先，自有史以來整個大基督教跟依斯蘭教（回教）是死對頭，這情況基督好像不只針對回教，從聖經中的出挨及記起，當時埃及還崇信尼羅河神、太陽神……等多神或泛神宗教；到歐洲兩次的十字軍東征，征的就是所有中東的依斯蘭教，據說十字軍是一手捧聖經一手拿匕首威脅人家要信基督教的；到現今以色列和巴基斯坦的巴解組織依舊沒完沒了。同樣的依斯蘭教（回教）國家也討厭基督教，尤其一些激進教派，討厭程度擴大到，並不只是「宗教」一個點上，而是整個西方所有國家，尤其依斯蘭教是保守的，更認為開放自由是異端，所以莫銘仇恨到美國莫銘其妙的發生了九一一恐怖事件。您說幹這事的是恐怖分子？！他們自己還認為自己在替天（阿拉）行道，剷除所有異己！

其次，除了基督教和依斯蘭教不合，連基督教本身都新、舊教之爭。分舊教，早傳中國，我國翻譯為天主教；新教派較晚傳入，是神職人員可結婚、準許信衆可離婚的基督教，甚至基督新教又分了好多不同教派。它們共通的名言「信主得永生」我聽來是心胸狹小的一句話！第一、天主教說我們信的天主才是眞主，基督教說我們才跟上帝重新立了契約的，然而新教又分了許多教派，如果說：摩門教說自己信者爲眞、眞耶穌教也說……山達基也說……所有教派都說眞神或說眞主只此一家別無分號。甭說別人信回教、信佛教、道教、印度教……甚至沒信教的，是哪怕你沒做過惡事，甚至還是積得行善的大善人，都只能死後下地獄或者死後即消失，連同爲信基督，信了自己信的之外教派也不能得永生？不是心胸狹窄，容不得異己？世人能上天堂者少之又少？又如我國非基督教國家，或非基督教起源國都一樣，在基督教尚未傳入，無從認識「主」，我國豈不連孔、孟般聖賢都得下地獄？但相反且矛盾的，殺人放火、壞事做盡，如白曉燕案之陳進興或是殺人魔王徐東志……等之流，只要死前受洗的教派對了便使其永生嗎？

還有，我覺得基督教諾亞（或諾厄）方舟的故事，不付合「上天有好生之德」這句話。就我所知有很多民族都有天發大洪水之說。聖經上說：「那時的人不好，大概都作惡多端……」之類吧！所以上天降大洪水把所有生靈都要淹沒，只留諾亞一家好人，一切從新來過。然我過說：「人命關天」耶！消失了就再也回不來，只挑諾亞一家和他家牲口被挑做種的，其他都死有餘辜嗎？眞若有此「天」，那眞是不仁、不慈呀！這問題我一直從失去信仰問到我信了佛教，還有人跟我傳基督教，我還問她，她是說：「上帝好比是父母，人是子女，因人不聽話，所以像打子女屁股一般處罰一下子女」我則認爲是要生靈無所轉還的失去生命，可不是打屁股那麼簡單！如此不仁不慈，沒有好生之德、獨裁狠心的天，我可不信！也許根本沒有這有意識的天，大洪水只是單純天災，發生在不同地方，人們有不同的處理方式，像諾亞是打造方舟以自救，也許他生活的地方不只他一家逃生成功，也許千里外，甚至相距只有數百里、百里之遙還有其他人活下來，只是諾亞沒見著也無心去查證，自以為只有自己一家，及牲口在世上開枝散葉，繁演生命。說不定同時期時的中國，是大禹治水以疏通的方式洩洪以救蒼生，不是只私心的只救自己一家。至於諾亞方舟上他各挑一對的動物也只是他家牲口而已，好比豬一對、牛一對、羊一對、馬一對，頂多再雞一對、鴨一對，絕對不會有其他野生動物的，因為很多動物只在地球某一特定地方才有，好比獅子非洲才有；老虎則在亞洲——西伯利亞虎（東北虎）、華南虎、孟加拉虎。馬來貘只在馬來西亞；有袋目的生物只在澳洲才有——袋鼠、袋熊（無尾熊）、鴨嘴獸……等，其中鴨嘴獸還是卵生哺乳類動物。特定地點才有的生物絕不是諾亞方舟中的動物所繁殖的。

我不相信有一個有意識的天，還說「祂」是造物主，所有的人都是其子民？……我首先從情感面來看，我覺得基督教幻想出來這位神似乎對人是充滿憎恨的，像人在面對一窩螞蟻、一窩蟑螂充滿厭惡，所以覺得指揮不了就燒一鍋開水沖下去；放把火燒一燒；或噴一噴殺蟲劑的，全部殺掉，沒有一點憐惜之心！對於未能認識自己、信仰自己的人就不能得永生的心態，也不像為人父母的態度。別的我不知道，如果我有很多子女，因為某些原因從小失散？讓人抱養？……什麼的，因而不認得我，我會希望他們在別的地方、別人家裡也過得很好，甚至比我所能提供的更好的日子，不會希望自己的子女死的！道家說：「天生萬物而不宰」我國老話則說：「上天有好生之德」！怎麼說：「信我者才能得永生」？這點好像布袋戲裡萬惡罪魁藏鏡人所說「順我者昌、逆我者亡」一般。

再者，從科學的角度來看，地球的形成也不是造物主七天，不！五天所造成的。連我兒子恐龍大百科裡也說地球有今天局面是四十六億多年來所形成，約四十六億年前，地球初形成時的平均溫度和太陽表面一樣熾熱。可是，才剛過了七億年，生物更已經開始形成。如果把漫長的地球史濃縮為一個小時，那麼動物是直到最後十五分鐘才出現的……。且書上說的最早出現的生物並非人類，是水中生物，陸生動物則是在濃縮為一小時中的最後倒數六分鐘才出現的，且最早出現陸生動物是爬行動物……。不是造物主幾天完成的了的世界，最早動物是水生動物。陸生動物最早是爬行動物，不是人類，也不是亞當、夏娃！

總括一句話，有很長的一段時期我是沒有宗教信仰，不信鬼神。認為只有這世上有實體、實質的東西才是眞的，沒有什麼來世的生命、來生，沒有什麼天主、上帝，沒有神！我要過眞實的人生，要掌握實質的事物！

然而……以現在信仰正信佛教後的話說：我業障太重了！我在眞實人生裡能掌握實質的事物少之又少，我身體是不健全的，不良於行且越來越嚴重，想從事的工作又似乎理想過高，且佔不到天時、地利、人和，是自己能力不足？是沒人支持？……。也因條件不好吧！勉強的婚姻也不美滿，好不容易有的孩子又是自閉症，經濟就算不窮也是很有壓力的，因為至今沒能自己賺錢……等，現實世界我能掌握、擁有的少之又少，並不快樂，患得患失，當然失的多，因此憤世疾俗，自以為懷才不遇……情緒不穩定。從免費的、自己買的書到學校課程中，從中華文化上、哲學思想中，還是歷史角度中都會觸及佛教思想而認識了正信的佛學，休了部分佛學相關學分，我才知道原來無神論還有種唯心的無神論，而這無神論還能成為一種宗教，就是佛教。

之前我認為眞實世界的一切才是眞的，物質世界的血肉、物體及附加價值的名、利、財富、權勢、地位、愛情、親情……等就是眞或說才是眞，沒有死後的世界；來世的生命、轉世輪迴。佛學卻告訴我緣起性空，緣起即依緣而起，「緣」是指條件、關係；「起」是指發生、生起。一切現象都依照一定的條件而生起，由相互依存的關係而成立。各種條件聚合，產生相互依存關係，構成某種特定現象，就是緣起的意義。阿含經中多次重複：「此有故彼有，此生故彼生；此無故彼無，此滅故彼滅」；（雜阿含經卷一二、二九八經）：「云何緣起法，謂此有故彼有，此起故彼起」；（中阿含經卷四七、多界經）：「有此有彼，無此無彼；此生彼生，此滅彼滅」。透過緣起說來觀察人生的過程，可以分為五支、六支、十支和十二支，其中較為普遍的是十二支，也稱為十二有支或十二緣起、十二因緣。十二有支的名稱是：無明、行、識、名色、六入、觸、受、愛、取、有、生、老死。所以（增一阿含經卷

四六、五經）說：「所謂無明緣行，行緣識，識緣名色，名色緣六入，六入緣更樂（觸），更樂緣痛（受），痛緣愛，愛緣受（取），受緣有，有緣生，生緣老死」這十二支可由「無明緣行，行緣識」，乃至「生緣老死」來觀察，稱爲「順觀十二緣起」，又可由「無明滅即行滅，行滅即識滅」，乃至「生滅即老死滅」來觀察，稱爲「逆觀十二緣起」。其中無明、行是過去二因；識、名色、六入、觸、受是現世五宗；愛、取則是現世三因；生、老死是未來二果，當中過去二因加現世五果形成了一重因果，現世三因加未來二果是二重因果，加起來就形成三世兩重因果。且這十二支中無明、渴愛、執取是最重三支，形成了如實痛苦的人生，要解脫人生的痛苦，就必須勘破無明，止息渴愛、捨離執取。佛家修行的最終目標，就是超脫「十二因緣」的束縛，跳出三世輪迴，而達到「涅槃寂靜」的境界。（雜阿含經卷一〇、二六二經）說：釋迦牟尼佛由現實事象來觀察人生的眞相，了悟緣起的道理，而緣起說的總論就是「諸行無常」、「諸法無我」、「涅槃寂靜」，稱爲「三法印」。法印即「法之印璽」，三法印是普遍必然契合佛法的三種眞理或標記，是用來印證佛教學說是否正確的準繩，也可以說是用這三種標誌來檢證其學說是否爲眞正的佛法。

一、諸行無常——「諸行」是指所有由因緣和而成的事物，或世間的精神、物質現象的生起和變化活動。天地萬物都處在生、住、異、滅的過程中，遷流不息，絕對沒有常住性，稱爲「無常」。所有事物、一切現象（包括內在的心念）沒有一樣是常住不變的，也都不曾有瞬間的停止，這就是「諸行無常」。諸行無常是我們日常經驗的客觀事實，例如：花開花謝、流水滔滔、滄海變為桑田、衆生化為塵土，尤以近親亡，更能感受世事的變化無常。無常是緣起的總則，也是宇宙人生的眞相。「無常觀」的宗旨是：了悟人的生老病死乃至自然界的森羅萬象，以及我們的現實生活，都是暫存的、無常的，從而才能擺脫人生的痛苦。「無常」不是厭世、消極的人生態度。了解「無常」的眞義後，我們應該把握時間，珍惜生命，積極奮發，創造人生。

二、諸法無我——「諸法」是各種存在，包括了無形的和有形的一切事物。「無我」是指沒有不須依賴衆緣而能獨立存在、永恆不變的實體，它否定有物質性的實在自體（「我」）的存在。「無我」有兩種：（一）人無我，指人身不外是色（形質）、受（感受）、想（知覺）、行（造作）、識（意識）五蘊和合而成，沒有恆常自在的實體（二）法無我，指一切精神、物質現象都由因緣聚合以成，沒有恆常堅實的自體。一切事物沒有恆常自在、固定不變的實在自體，就叫做「諸法無我」。換句話說，宇宙萬象沒有自在不變、常一主宰的實體。人生從生至老而死，無不在生滅遞嬗，又豈能恆久不變？佛學強調「無我」的目的，乃在使人捨離愛欲、無所貪求，無能離欲、無執，也就沒有痛苦、煩惱了。所以人生在世不必摯著，也無須妄求，能夠體悟「無我」，才有完美人生。

三、涅槃寂靜——「涅槃」是梵音，意譯為「滅度」、「寂滅」、「圓寂」、「無爲」、「不生」，一般指熄滅一切煩惱，了脫生死輪迴的精神境界。原始佛學經典認爲：滅盡貪欲、瞋恚、愚癡就是「涅槃」。可見，涅槃就是對生死諸苦及其根本煩惱的徹底斷滅。「寂靜」是涅槃的狀態。捨離煩惱、了脫生死、斷除患累、清涼安樂，就稱爲「涅槃寂靜」。這種境界，從理性上說，象徵最崇高的智慧；從道德上說，表示最完美的德性。因此，也就不再爲生死所束縛，爲輪迴所牽纏，在人生的旅程裏、現實的環境中，如能棄絕愛欲、斷滅三毒（貪、瞋、癡）、業行不生、煩惱不起，必可在日常生活中，獲得身心輕安、精神悅樂的法喜。

再來就是四聖諦論了。「四聖諦」（源自雜阿含經卷一五、三八二經）又稱「四諦法」、「四眞諦」、「四諦」，是整個佛學義理的總綱。「諦」是眞實不虛，用以表明所說乃眞正的道理，絕無虛謬。四聖諦即：苦聖諦、集聖諦、滅聖諦，道聖諦四種眞理。它代表了佛學對有情衆生痛苦煩惱與解脫安樂的看法和途徑。分別說明：

一、苦聖諦——「苦」是指精神和肉體得不到滿足的心理狀態。現實世界是無常、無我的，與人們的心理需求難相一致，所以說世間是苦。「苦」的種類很多，原始佛典把衆多的痛苦歸納爲「八苦」：生苦、老苦、病苦、死苦、怨憎會苦、愛別離苦、求不得苦、五陰熾盛苦（出自增壹阿含經卷一七八四諦品）。生、老、病、死，是人生必會遭逢的痛苦；怨憎會苦（遇到所怨、所恨之人的痛苦）、愛別離苦（與所愛之人互相別離的痛苦）、求不得苦

（求而不得的痛苦），是主觀願望不能獲得滿足所產生的痛苦。五陰熾盛苦（身心煎熬所產生的痛苦）是以人的存在本身為苦。苦諦就在說明人生充滿了苦惱和不安，是一大苦海。諺云：「苦海無邊，回頭是岸」，能自覺「一切皆苦」，猛然醒悟，了知無常，透視無我，才能離苦得樂。

至此不由得想到西洋哲學中的伊比鳩魯學派，大概因為不識佛學，不知佛學認為人生是苦的。卻認為人活著就是追逐享樂！而有句：「好好吃喝玩樂吧！因為明天我們都會死去。」可是追不到「吃喝玩樂」的欲望滿足，一樣會不快樂，甚至是痛苦不是嗎？甭說怎樣享樂的吃喝，你很窮或身處非洲鬧飢荒時的依索坡亞時只有餓得心慌的份，身處沙漠連水都沒得喝也是；而玩樂部份包含有男歡女愛吧？！有時候我們愛一個人，人家卻不見得愛我們，無論男女，此時有多痛苦？很多事你花錢也買不到，又有時你有欲望卻場合不對，衆目睽睽之下你也只有忍著！伊比鳩魯學派雖主張提倡性靈的現世樂，不相信有靈魂的存在，不信有來生，只有一世論，甚至他們會說：「死亡沒什麼大不了的，它和我們現在的生活無關，生時不知死，死後當然一無所知，也一無所怕，所以怕什麼嘛！」我相信很多沒有宗教信仰的人大都是這個想法，但人活著就有很多痛苦的見的，只有佛教才有。又怎麼解決呢？

接下去說集聖諦——「集」是聚合、招感的意思。中阿含經卷七說：眼、耳、鼻、舌、身、意「若有愛有膩有染有著，是名為集」，這是說愛染是衆多痛苦的原因，能招感衆多生死的苦果，所以稱爲「集」。「集聖諦」就是造成痛苦的各種原因。衆生由於自心的「無明」、本有的「渴愛」、盲目的「執取」，從而產生錯誤的行爲（因惑造業），各種煩惱（苦果）便隨之而來（依業受報），也就是苦果由惑業招感而生起。惑業與苦果互爲因果，循環相續，構成無窮的生死、無窮的痛苦。「集聖諦」就是在說明引生「苦」的根由。

三、滅聖諦——滅聖諦也稱作「苦盡諦」。增壹阿含經卷一七說：「欲愛永盡無餘，不復更造，是謂苦盡諦」。滅盡貪欲，斷絕渴愛，不再造作惡業，不再產生痛苦，就是「滅聖諦」。人生的痛苦既然由惑業招感而生，那麼徹底破除惑業，擺脫生死煩惱，自然就可以步入寂靜清涼的涅槃境界，獲得大自在、大解脫。就佛學來說，「滅」就是「涅槃」或「解脫」的意思。「滅聖諦」即在說明這種所要追求的精神境界。

四、道聖諦——是指實現涅槃境界的方法或途徑。要獲得精神解脫，需要有正確的理解和實踐的方法，原始佛學把通向涅槃之路、解脫之道歸結爲「八正道」。「所謂苦出要諦者，謂聖賢八品道（八正道）」（增壹阿含經卷一七）。八正道就是實現解脫之境的方法。「道聖諦」即在說明能邁向清淨無染、入於涅槃境界的修道方法。

「正見」正確的見解，即對緣起說、三法印、四聖諦等有正確的認識。或者以佛學的義理來觀照世間萬象，以及實現自己的觀點。也相應於日常生活中，不論處於何種情況，面對何種事物，都須要有正確的認識。

「正思惟」正確的思惟，以正見為基礎，合理地作意思惟，捨離偏執不當的思考。亦即遠離邪妄貪欲，保持對「四諦」等佛學義理的正確思維。也可以說是個人在身、語、行為之前的正確意念。思維正確，不造惡業，便可消除煩惱。

「正語」正確的言語，亦即如法、合理的言語，由正思維所產生的正確言論。不說妄語（謊言假話）不說綺語（浮詞淫語）、不兩舌（挑唆是非）、不惡口（言語粗惡）。與人交往，不吹捧、不誹謗，言談真切、謹慎，才不致招怨。

「正業」正確行為，言行舉止都依據佛理而為之，即是正業。換句話說，就是衣食住行、語默動靜都依佛法而行，不做殺生、偷盜、邪淫等惡事，以及一切惡行。進而從事護生、布施、行善、持戒等各種活動。

「正命」正當的職業或正當的生活，亦即以正當的職業過正當的生活，使經濟生活和家庭生活都能圓滿完美。也是指過著符合家戒律規定的生活：不要從事裝神弄鬼、算命、看相、占卜等活動。

「正精進」正確的努力。正精進也稱為正勤，是指修道的毅力而言。依循佛法的準則，修學善道，斷除惡業，努力前進，絕不懈怠，名為「正精進」。它一方面是專心實現理想，另一方面是不斷革除習染，如此深入道境，才能成就解脫。

「正念」正當的憶念，就是集中精神使它不散漫或錯亂：也就是憶持正當的念頭，摒除邪念、雜念。原始佛學是以（一）觀身不淨、（二）觀受是苦、（三）觀心無常、（四）觀法無我，爲正念的主要內容。在日常生活中，唯有護持正念，才能避免造作惡業。

「正定」正確的禪定或精神的統一。把心安住於一境而不散亂，即是禪定。透過禪定，顯發智慧，可以洞察人生的眞相，獲得身心的解脫。日常生活中，精神的集中，內心的寧靜是必要的。一旦內心明澈如水，皎潔如月，無染無執，空靈虛寂，也就是「正定」的展現。

說到正定、禪定就不由人想到中國禪宗初祖達摩及其大乘禪法二入四行論。達摩的二入四行論就是融合禪觀在生活中，要想入道，方法很多，但不外乎從理論上或從實踐上著手，理論與實踐就是二道門經，所謂從理而入者，是要體悟自心中有眞性，此眞性不能顯了是因爲累世業障、客塵妄想所覆蓋，如明珠蒙塵，必得先洗淨客塵污穢才行。

如何洗清外在的骯髒污垢呢？這就是「行入」了，靠日常生活中磨練來消自己的業，轉自己的緣。

第一是報冤行，你在受苦受罪時修因緣觀，告訴自己：過去在累世輪迴之中，我也曾經作惡多端，如今自食惡果，不須逃避，一切苦難要自己扛起來，心甘情願，不必向別人訴苦。像達摩祖師大老遠的從東印度航海來到中國，未曾與人結怨，但別人就是容不下他，對他一共下毒六次，前五次他都發覺了，也未揭發，更不控訴，在他看來是過去世沒結善緣，如今惡緣果熟，這枚惡果坦然接受，不要再結惡緣，如此的胸襟，心能容物，是菩薩行中的慈悲觀。

連達摩祖師遇到不公平際遇都能如此想了，何況卑微如我呢？達摩可是印度香至王的三王子，我是什麼？我的出身背景……跟任何人都不能比！另外，多數好手好腳……或說沒有殘疾的人在我們殘疾人面前都有種優越感，尤其是一些不懂事的孩子，我甚至飽受欺凌，印象中幼稚園時有兩男一女常欺負我，小學也有名姓葉的同學……就連我前夫、前婆婆、婆家的人，言談中都有其優越感；不良於行狀況日益加重至得坐輪椅；好不容易才有的獨子自閉症……！信佛之後的我都甘願受，因爲在過去累世之中我也許眞做過許多不好的事，好比佛說三世因果經中的「今生曲腳爲何因？前世破壞路橋人」……「今生多病爲何因？前世幸災樂禍人」……等吧！照佛法的說法業障的前因不只是前世，而是累世所造，只是剛好在今世因緣果報而已，因果的成熟就好比種不同植物，成熟的時間也不同，好比臺灣種稻一年在兩熟到三熟之間，柿子樹得重八年才能結果，而統統在今生一次報完吧！來世就都好了！而就算我前世眞的是壞人，那就早早報應了吧，我甘之如飴。因爲我知道我不是最壞的人，否則我怎不在旁生（畜）道、地獄、餓鬼道？況且我講究的就是一個公平，我希望做奸犯科的人，白曉燕案的陳、林、高三人，殺人魔王徐東志……等都是在地獄受果報，我也應受果報才是。再說我在想前世或許曾是隻猩猩、猿猴也說不定，因做了佛說三世因果經中的「前世鮮花供佛前」而讓我今生「相貌端嚴」的做個俱佛緣的人，只是其他善因未俱足，所以手腳行動依然猩猩樣。因爲以上理由我相信因果輪迴，沒有輪迴，這世上就沒公平、公道可言。

前面提過報冤行，再來說說第二是隨緣行。前面講苦，現在講樂，菩提達摩既是王子出身，也不自恃尊貴，人世間的富貴榮華、出身高貴都只是過去式的宿因所感，暫時呈現的樂果，緣分終有盡的時候，有什麼好高興的？人生過程的「得與失」都是因緣際會，對於眞實本心是不增不減的，隨順因緣度日，不必今日歡喜明日憂愁。這種利、衰、毀、譽、稱、譏、苦、樂都像風一樣，時冷時熱，有什麼好在意的？這就是所謂的八風吹不動！

此種心中不動，不增不減的本然情懷近似於印度宗教的「不執縛」，凡心中有所執愛，必有貪著，如此則被繫縛。修行人心中一無所愛，素富貴，行乎富貴；素貧窮，行乎貧窮。不必汲汲營求。無執無縛的自由心境是平日隨緣的平淡態度形成的。

第三無所求行，心中一無所求，棄捨一切佔有欲，停止慾望想求的計執，不再勞碌於三界火宅之中，此無所求行是菩薩道中的「捨」，外物有形者固然難捨，心中無止境的貪愛渴望更是難捨，世俗人哪一樣不貪？有所貪必有所求，像貪折扣而大量購買，買一堆可有可無的食物回家拚命吃喝之後，發現過胖又要減肥。

有身皆有苦，說穿了是太愛自己，怕自己吃少了，用少了，佔少了。唯恐別人侵犯自己，所以趕快搶搭違建，搶前門停車位，搶廊下空地作生意……。

有形之物難捨，無形的觀念成見、習慣也難捨，如此「自我」的改變就更困難了，所以在達摩看來，無所求才是眞正的道行，無所求才是眞正的幸福快樂，此是大乘禪觀之一。

第四項爲稱法行，達摩祖師指出：眞心本空、無染無著、無愛無憎、無此無彼、無人無我，既然無我無人且不分彼此，此「我」相乃空，還有什麼捨不得的呢？連身體、生命、財產一概全都能捨，毫不吝惜，這種行爲不但對自己能擴大心量，能練習修道，對衆生也有實利恩惠，更能莊嚴菩提之道，爲何不做呢？這就是布施波羅蜜，其他像持戒、忍辱、精進、禪定、智慧等，一共是六樣，每一項都是訓練自己，有利於他人，合起來六度就是行菩薩道，名爲稱法行。

佛學的道理知道的越多越詳盡，我就越堅定我信仰正信佛教的決心。佛學眞是太好了！在未知佛法佛學之前，我覺得所有的道德禮教、宗教教條都有壓抑人性欲望的成份存在，讓人不痛快，甚至覺得是「吃人的禮教」，認識佛學使我整個心念都改變了，學會看開和放下。好比人世間有許多看似不公平的地方：有貧、富之差；想愛的人愛不到；有些人像仇人似的會欺負你；有人身強體健有人身有殘疾……了解佛法後，一切都是公平的。人在追尋很多事物時，許多客觀條件不允許時，也能看開，我想人世間每個人都有權使自己過的更高興、快樂、舒服、幸福……所以追求學歷、學問、財富、愛情……甚至出家衆也在求成佛，但成不成看機緣、看個人福報，不得是我命，別鑽牛角尖；還有，世事無常成、住、壞、空，今天擁有或得到的，明天說不定就失去了；其實活著本身，生命的存在會渴、會餓；憋大、小便；壓抑時候不對，時起的性慾；以及病痛……五陰熾盛！佛學使人看開、釋懷的面對人生。

佛學和基督教不同，基督教經典只有一本聖經，在我的世界文學名著中都翻它爲紙草經的一本經典而已，而佛學是博大精深，越演譯越精細從最原始的佛學，發展到部派佛學：上座部、說一切有部、犢子部、化地部、飲光部、經量部、正量部、法藏部、大衆部、一說部、說出世部、雞胤部、多聞部、說假部、制多山……等；我國的大乘佛學：般若經、法華經、華嚴經、無量壽經、阿閦佛國經、般舟三昧經、首楞嚴三昧經、涅槃經、勝鬘經、如來藏經、解深密經、楞伽經，其中又有細分得洋洋灑灑。魏晉南北朝佛學的衆僧的思想經典、清談與佛學、格義佛學；般若思想：本無宗、本無異宗、心無宗、即色宗、識食宗、幻化宗、緣會宗；南北朝佛學：涅槃學派、成實學派、毗曇學派、地論學派、攝論學派、俱舍學派；隋唐佛學：三論宗學說、天台宗學說、法相宗學說、華嚴宗學說、律宗學說、密宗學說、禪宗學說、淨土宗學說。還有傳入東南亞的小乘佛學、日本的日蓮宗……等。

我之所以決定信正信的佛教，大乘佛學原因有：天主教、基督教說信「主」才能得永生，諾亞的方舟故事只救自己一家的情節，像小乘佛教只講自己得道不渡別人的自了漢，是其一因；其二「信主得永生」的標的不是定在善良上！而是定在是否認識天主或說上帝這個大獨裁者身上，只要「認識」了「主」哪怕之前殺人放火、做奸犯科的陳進興都能上天堂？那跟「認識」一個黑道大哥有什麼不同，越「認識」祂我越想離開祂遠遠的。

如果說信天主或稱上帝的人會是善良的，難道其他宗教信仰者都不善良？道教、依斯蘭教、一貫道、佛教都誨淫誨道？好比信佛還主張不殺生哩，所有的生命都不忍傷害，甚至幫助超渡輪入三惡道的衆生，放生；做法會、功得、放焰口……等。其他宗教我認識不多，至少教義都是教人不要傷害其他人，進而還要互相幫助不是嗎？基督教把信「主」人都歸入天堂，姑不論這些人有無做奸犯科者，是否有做補贖（從念經、勞役、捐錢、捐器官……），補贖夠嗎？沒信「主」的，是信其他宗教？是生的早西洋宗教尚未傳入？生長在依斯蘭教，佛教爲國教的國家？難道不分青紅皀白的全下地獄？或消失掉？再說死後的世界只有天堂、地獄兩條路，未免分得過份粗糙？還有，人死後要等最後審判，還分公審判、私審判（也就是世界末日），什麼時候到來？那麼，先生先死之人不是比較倒楣，要等比較久？要在無知無覺的幽暗中等？還是煉獄中等？

而一般佛、道不分的大衆粗淺的以爲佛、道都主張有「六道輪迴」。這點是佛教傳入，道教吸收了佛教部份思想，然而有一說詞道教倒跟西洋傳入的基督教一樣，認爲肉體之外的精神體叫做「靈魂」跟翻譯因素不無關係。道教的人有「三魂七魄」跟希臘三哲之中的柏拉圖說「人有三條靈魂」分別掌管理智、肢體動作……等是不謀而合且有異曲同工之妙。然而道教因中國人有拜祖先習慣吧！又說人死後要在陰間待個多少年，享受子孫祭拜的香煙，又說三魂一條去陰間報導；一條待在牌位裡；一條待墓裡……等，直到年資時候到才再投胎，跟佛教說法大相競庭且繁複許多。

佛道輪迴說差別且先不說。先來說說我曾批評過「信主得永生」這句話表現得心胸狹窄容不下人，其實「皈依三寶不墜三惡道」也表現出屬於宗教界的私心「只救（渡）自己人」！我以我個人想，只要有宗教信仰的人，甚至沒有宗教信仰，的好人都不會輪入三惡道才是。我想有人此生做了些小奸小惡難免又功過未能相抵，是因未皈依三寶，來生只有輪入畜道做一隻寵物狗享幾年福好？還是因爲皈依過三寶，一定不能墜畜道，輪爲一有夭折命的人或身帶殘疾的人來得好？不過又有說只有「人」會修行，畜道就不可能懂修行，就是了！

眞正信正信佛教的人都知道肉體之外的是「識」。以唯識宗做粗淺解釋：一切法，離不開「識」，這個「識」，其實就是「心」的別名，而這個「識」，也就是「心的識別」。在唯識學上，捨掉「心」這個名詞，而用「識」來解，是爲了方便解釋。識有八種層次：眼識——有看見的辨別功能。耳識——有聽見的辨別功能。鼻識——有嗅覺的辨別功能。舌識——有味道的辨別功能。身識——有觸受的辨別功能。意識——前五個感官接受所緣的對象，而產生的辨別作用，要依著本「意」的識別，才發生執行的作用。唯識學告訴我們，在現實人生中，除了六識的作用外，我們所承受的物理世界之種種壓力，以及內心世界的潛意識所埋伏的煩惱及打結，都與第七意識有關。第七意識，是心識內尋的第七層次，梵語「末那」識，這是自我中心大本營，其功用是將前六識吸收成「我」，我們的所有自私自利、貪婪、瞋恨、倔傲、固執、習性等所有性格情緒，都由這裡發動，即衆生的「我執」之基地。因爲一切人的思想，必定以「我」爲直覺中心，否則無法存在一個沒有知覺的活體、這個「我」，長久以來，很執意的認爲「我想」、「我要」、「我可」，這個誤以爲小我的我，是我慢傲的，故在這裡，出現了狹窄的執著，偏執自我，而忽忘了仍有另一個更大的宇宙本我，長久以來，這第七意識末那，變成輪迴的大資料庫、大記憶庫。

末那識記憶了太多衆生累動的軟體，被我見、我貧、我瞋、我癡、我慢、我任性等不自覺污染，所以在這個層次裡，它正是心理學派的潛意識，當人們被催眠時，就是在這裡牽動此記憶庫。

也就是說：眼耳鼻舌身這前五識，被第六意識吸收，輾轉而生一切心物現象，又由末那識（第七意識）吸收，誤以爲那是「我」的現象。

當原本清淨的末那第七意識，吸吮了前六識後，染上不淨時，又更錯覺以爲第八意識是它的靠山。

第八識的名稱有多種：阿賴耶識、無沒識、本識、宅識、藏識、異熟識、一切種識、心、阿陀那識、所知依、緣識、顯識、現識、轉識、根識、有識、生識、分別事識、無垢識。這十九個名相含義各不相同，都只能代表它的某一部分，我們只能選擇數種略作說明。

1. 阿賴耶識本義有二：一是庫藏，指收藏有許多珍貴物品。二是山義，山脈中蘊含有許多寶藏，挖掘不完。所以古德以「藏」它翻譯阿賴耶，意思包括三方面：生動的能藏，被動的所藏，還有生命主體性的我愛執藏。

從主動態來看，識能收攝前七識的心主與心所法、和一切的有爲法種子，人生百態必由法種子爲因，配合外在四緣才能發生結果，這些際遇和內在條件被包藏在八識內，八識是能含藏，也是主動的生命作用。

從被動態來看，前面七識能活動，能薰習、能造業，阿賴耶識如同一張白紙，接受前七識的染淨行爲薰習，由此看來八識無力活動，它是前七識的所緣、所依、所薰、所藏。

生命的根深蒂固之處在於我愛的深重執縛，自我意識有熱愛生命的本能，也有自我成全的反應，七識渴望生命美，好永遠相續不斷，它認爲生命本體是永恆常住的，這種渴望恆存不朽的心念表現在我意識的執纏上，發生我愛、我慢、我痴、懷疑、邪見等各種自私心理，每個人最愛戀的人總是自己，所以八識又是「我愛執藏」。

2. 阿陀那識是執持識。它有持根身、接受種子的三種功能；既保存生理上的營養功能，又維持知識記憶的存續，更把宿世以來的善惡業力種子全都收攝保存，使它遇緣而發。

3. 異熟識可以解釋六道輪迴的謎題。異熟有三種類型：一、異時而熟，從因到果之間不一定在同一世，也許在來生，也許隔好幾世，就像豆芽可以一夜之間發芽，但甘蔗必須二年才能收成，芒果、荔枝則需要七八年的時間，而柿子有八德，就我所知是一定得八年才能結果；從造下業因到感得果報，時間長短不一，因果不同時，是爲異時而熟。二、異類而熟：

因有因的性質，可能善可能惡，但果報都是無記性。也可以解釋何以感果之時已經忘卻前因，常常承受果報之時有「無辜」之感（當然是在承受惡報之時），若追溯前因才知有善惡之辨。三、變異而熟：從業因到果報之間有一段遇緣而生變化的歷程，中間的過程起伏不定，每個人的際遇都不同，即使同一棵樹上也不會有完全相同的二粒果子，二枚樹葉，何況是有情衆生呢？此因到果之間的緣變是變異而熟。

寫到這我禁不住要向對我這樣的人……至少我本身是帶有殘疾的人，且三十過後日益嚴重，且又……爲什麼最後選擇信佛，且是「正信的佛教」？就因爲我知道因果是「異時而熟」我今生沒有健康的身體；良好家庭背景；婚姻又失敗，兒子自閉……，並非是我上輩子所造成的果報，而是累世的果報剛好都因緣具足的在這世受報，即便業障似乎比福報多！同時我也知「異類而熟」的道理，我不再怨天尤人，凡事問：「爲何是我？」而是想想一切曾都是自己「做得來」的也就甘願受，也並不會因別人說我是因果報應而有所不快或有罪惡感，只要想到我希望作奸犯科的人，如陳進興之類的人眞在地獄受惡報，那麼我有業障也是公平的，且無論誰殺越多人，黃巢殺人八百萬也好，殺猶太人的希特勒也好，罪越重地獄待越久，受的苦刑越多。而由於果報是「變異而熟」在我受今生如此重的業障之前多少世，我不知有多少世多少做了善事，躲過好幾世的惡報，才累積到這世因緣具足才報？再說報在我身的也非全然業障，我雖然患腦神經痲痺，但顏面神經全然未受影響，臉面長得很端正清秀，頭腦好像也未受多大影響，且口條清淅，加上一副好嗓子，唱鄧麗君、蔡幸娟的歌只是我的本嗓在唱，鄭怡、齊豫歌時聽到的一定鼓掌；唱蔡琴、白光的歌也一定被拍手；唱天天想你、我的未來不是夢就有如張雨生附身；聲樂共鳴唱腔也如寬鬆的褲腰帶「稀鬆平常」，或許某段前世裡我眞如佛說三世因果經所說：「相貌端嚴爲何因？前世鮮花供佛前。」我也算有聰明的吧？我已空大人文系畢業，又將修下個學系，而且能信佛也是福報，因此「聰明智慧爲何因？前世誦經念佛人」清楚的口齒，好嗓子搞不好也是念佛修來的，要我這世再念佛吧！另外，我雖不富裕，但此生能不愁吃、穿，甚至到因不良於行缺乏運動而成爲胖子，莫非也是「有食有穿爲何因？前世茶飯施貧人。」過？而我兒子您說是業障惡報嗎？不，我前夫一直有性功能障礙，我卻能有兒子！多少正常夫妻沒避孕卻生不出孩子？又有多少女人生一串串都是女兒，我卻一舉得男，雖然我不重男輕女。佛家有個說法女孩是愛父憎母所以生爲女孩；男孩是愛母憎父所以出生爲男孩，因此有「女兒是父親前世情人；兒子是母親前世情人」的說法，這麼說兒子是愛我的。而且何其有幸，我兒雖然說話、懂事比別人遲，但有幸生在這社會福利不錯又重視特教的年代，近日無心看到「女人何苦爲難女人」連續劇，有一智障兒角色，八歲，數目亂數；十多歲才認顏色，我就想到我兒小時候，他大概在四歲開始認識身上部位、器官名稱：眼睛、鼻子、手指、膝蓋……接著認器皿、碗、杯子……然後買些圖鑑認動物，所以很長一段時他一直很喜歡動物、昆蟲、甚至恐龍，更甚至看宇宙超人中的各種怪獸他都會問世上有沒有這種東西；大概五至六歲，幼稚園大班開始認顏色，認得很好，分得很細；七歲還有些許仿說和分不清你、我、他用法；到了八歲就很會對答，且能從一數至一百，繪畫比賽多次得獎……至今口才一流，識字不少也能拼注音，數覺是加、減、乘、除、分數（幾分之幾）……都會，現在除了情緒還需藥物控制，脾氣偶而任性之外，大致上都跟一般正常孩子差不太多。前幾天曾以爲他走丟了，都報了警了，在火車站附近走失，他卻能認路走回縣政府後面的家裡，且買了元宵花燈回來！我告訴他：「你知不知道爺爺（家父）和警察都在找你？」他不急不徐的：「媽，你現在打電話給警察，說我已經回來了。」我才打電話消案。我兒他現在能讀、會寫、會算、能畫畫……他甚至不是路癡，我是否很有福報？因爲果報「變異而熟」我兒有幸生在這個時代，也感激由小至大教過他的老師和復健師的努力，眞的「從業因到果報之間有一段遇緣而生變化的歷程」記得聖嚴法師也說過業障也要經過後天的努力，最後才是你的果報之類的話。

4.一切種子識：八識有收藏的功能，收藏一刀色法、心法、有爲法、無爲法、有漏法、無漏法。種子會產生現行，變現成色心諸法，形成由宇宙山河大地、正報、與依報，所以說賴耶能緣起宇宙人生。種子就是能力、功能、潛能，一念起用即是種子的功能在發揮。

關於「阿賴耶識」也有簡單明瞭的說法，第八意識，是最深的一層心識，梵譯「阿賴耶識」。阿賴耶識是所有一切萬法的源頭總相，它本身是不記錄，也不吸收，沒有自主的思維，好像一面鏡子。

既然它像一面鏡子，那麼，當第七意識末那識，錯解它是末那的依附體時，它就被末那所附，形成衆生作善作惡，成魔成佛的因果業力之基地台。

也就如同一面鏡子，鏡中出現一個醜男或美女，那是一個顯示的功能，問題在醜男與美女自我照鏡時的感受，與鏡子本身無關，阿賴耶的作用，就是鏡子的照射功能，阿賴耶很公平，第七意識末那給它什麼，它就被末那所用，爲末那反映他自己的善與惡。

正因阿賴耶有「能藏」、「能薰」的功能，故在衆生死亡時，它是最先收到訊號而停止作用；但卻也同等地在衆生要出胎後、在出生的刹那，最先啓動它的反射功用，產生思想行爲模式，故說在生死時，不論生或死，或在生與死之間的中陰界、夢幻界時，這個阿賴耶都被迫變成是個掌控者、主人公、攬生死輪迴簿的總監。

關於輪迴轉生，我還有話要澄清和說明，其實輪迴不只是六道輪迴，信正信佛教的人應都知道輪迴之道有四聖（聲聞、緣覺、菩薩、佛）、六凡（天、人、修羅、畜生、餓鬼、地獄）十法界才是。個人以爲所有衆生都在六道中輪迴，有緣、有福信佛者不是不墮三惡道而已，而是有機會轉識成智的休入四聖境界。而所謂「轉識成智」甚至從慧文禪師主張的「三諦圓融」到法華經、方便品的「十如是」，天台宗又把法華經的「十如是」，結合「十界」差別之法，以及大智度論的「三世間」，推繹出「一念三千」的思想。「一念」指「一心」，即心念活動的一剎那間。「三千」爲「三千世間」的略稱，是宇宙萬有的總體。「一念三千」是指宇宙萬物及其種種差別不過是「一念」偶發而出現的三千諸種事物及其差異而已「十如是」是區分諸法的別相：區分衆生的別相，則是「十法界」或「十界」（地獄、餓鬼、畜生、阿修羅、人、天、聲聞、緣覺、菩薩、佛）。「十法界」的因素：「十如是」的任何一類衆生，都必然具有自身的性、相、體、力、作、因、緣、果、報、本末究竟等「十如是」的因素：「十如是」的任何一類性能，也貫徹在「十法界」中。「十法界」與「十如是」的互相包含關係，可構成一千種差別。「三世間」是：衆生世間、國土世間、五蘊世間：這三種世間也遍及於上述千種差別，成爲「三千」差別。想想這一念有三千世界，人的一天有多少個念頭？一生有多少念頭？來生能有多少種結果？甚至只是此生的下一秒也取決於這一秒的抉擇。

再簡單的說一說十法界中的輪迴。六凡（天、人、修羅、畜生、餓鬼、地獄）天界以下的衆生注定就要一再的輪迴，善、惡果報完就再輪下一世，四聖（聲聞、緣覺、菩薩、佛）到達聲聞以上境界就處於極樂世界，應不會再入輪迴，然而菩薩都願乘願再來渡衆生，不是來享福的，成佛之後也可選擇要不要再到人世間度衆生，且說來就來，說去就去「如來佛祖就是如來也如去。」

還有，不管你相不相信輪迴，生命是從受孕的一刻就開始了，如果有輪迴或相信輪迴也在精、卵結合那一刻投的胎，絕不是像有些電視劇演的，媽媽在產房裡掙扎，要投胎的魂才送到。有人甚至說夫、妻在歡愛時還不確定精卵是否會相遇就有要投胎者在旁等機會，如果結果是成功的，愛母憎父者投爲男胎；愛父憎母爲女胎，不提憎不憎，因此有女兒是父親前世情人，兒子是母親前世男友之說。所以我很想說，前陣子有位曾晴小妹妹，父親是基督教牧師，他們是也不相信輪迴啦！然而若眞有輪迴，有先天肌小管病變的曾晴過世後出生的弟弟也絕不是曾晴轉世，因爲曾媽媽懷弟弟時曾晴還在世，雖然曾晴過世次日弟弟才臨盆分娩，但弟弟是弟弟，曾晴是曾晴，曾晴去了她該去的地方，弟弟的來到，就把他想成是給沒什麼聲音的曾媽媽的補償或福報吧，當然也是曾爸的福報。另外，多年前有位得骨癌的周大官，也是往生後，他母親又生一弟弟，我說那弟弟也不是周大官投胎，雖然是大官往生後才懷的，但是在他往生後數月（三、四個月）才懷，正信佛教說中陰身是七七四十九天內，在四十九天內就會去該去的地方，越早離開，投生於越高境界，極樂世界、天道，在三七二十一天走還有可能投生成人道，而周媽媽不是在七七四十九天內懷，更非三七二十一天內懷孕的。只是生命中剛好有一個這樣契機，要在大官之後還有一兒子罷了！其實是也不是原先的子女再投胎的，何必執著？每個孩子都一樣疼一般愛就是了！再說佛學的最高境界，是要衆生放下一切，不要再留戀凡塵，別再來人間受苦了。

八種層次的意識，在修行過程中，以及在生死轉換間，非常重要，只不過在修行次第與凡夫的認知上，一般修行到末那識這一關時，實在很難觀破它，因爲末那一直是因果的始作倆者，是個作怪大王，沒有末那的亂覺，衆生早就成佛了。

今日我所說得出的佛學道理只是佛學的千萬分之一，我所懂得的佛學也只是佛學中的一點皮毛而已，佛學到底有多浩瀚？在此以出自五燈會元卷六・三四〇頁的：「新羅百巖禪師是青愿下第六世，時間約在唐朝末期，九世紀之間的故事。有人請教他：『如何是禪？』百巖答：『古塚不爲家。』『如何是道？』百巖答：『徒勞車馬跡。』再問：『如何是教？』禪師回答：『貝葉收不盡。』」說明只要內容合乎「三法印」眞理的道理就是佛學，因此「貝葉收不盡」的！

在信了正信的佛教，成爲佛、法、僧三寶弟子後，我再也改變不了我的宗教信仰，接受不了其他宗教了。

討厭的，偏就在我和前夫剛離婚時，我因腿疼向某藥房買藥，人家強迫推銷，要我去「求」一貫道！幾翻推拒至我惱火，人家卻說是「無形的」在阻撓我！勉爲其難去一次了！我所知「一貫道」「一貫」之名的出處，是孔子思想以「仁」字爲本，說來說去都在說明「仁」字重要性，而說了句：「吾道一以貫之」以「仁」爲本，後來被「一貫道」創立者借用了。一貫道教義主要是融合了佛教和道教的神話部份而成，起源還跟明末以來白蓮教有淵源，雖然舉行「求道」儀式時口稱：「和白蓮邪教無關」但我不認爲白蓮教是邪教，其實正信佛教也有彌勒信仰，彌勒在佛教是彌勒菩薩，是未來佛，西藏叫強巴佛，只是白蓮教主張彌勒已經降生、成佛，其實自古佛教界都有人有此主張或認為，早在魏晉南北朝無有；唐朝——不，是大周時還有人說武則天就是彌勒降生呢！白蓮教主張彌勒已降生之外，當時還「吃肉不吃葷」就是肉可以吃（類似三淨肉吧），但不吃蔥、蒜、韭菜……等五辛菜（說氣味影響神佛接引）還帶有對政治或革命（造反）的狂熱，想來也因最後這個因素被叫邪教！說到吃蔥蒜五辛，印象中好像也有畫符籙的一派道教反其道，主張要多食五辛，畫的符才容易驅邪、上達天聽，本身容易得道升天，有點像西方人吃大蒜可防吸血鬼似的。除了佛教思想，一貫道還融合了道家無極、太極思想，老子說：「……無，名天地之始，有，名萬物之母……」而創造出「無極老母」這神話角色，而佛加道，一貫道的口訣，也就是念的佛號叫「無太佛彌勒」，而現在的一貫道，不同於白蓮教，是吃素，但吃奶蛋素，佛教主張純素（其實可喝奶），因為一貫道親有吃蛋，被人取了個輕視的稱呼「鴨蛋教」。跟伊斯蘭教認為，豬、狗髒，卻有人拿「回子」的父母親開玩笑一般，有些惡劣！

一貫道不僅企圖融合佛、道思想，還把儒家的四書五經加入一貫道讀的經典中，儒、道、釋三教合一還把基督教（天主教）、回教……等其他宗教的經典和思想拿來用自己的方式解釋。所以名為「一貫道」然而所有其他宗教、思想學說，它們都是各是各的一套思維。

拿生、死觀而言，佛教認為人有輪迴，是意識在輪迴末那識、阿賴耶識的關係，且七七四十九天內完成，還有，最終目標是不再輪迴。道教認為三魂七魄在輪迴，因中國人有祭祖習慣，道教說人死後先到陰間等若干年才再入輪迴，這使我搞不清陰間和地獄有何差別？至於西方，希臘三哲時期還認為人有輪迴，但只有「人有」！其他動物沒有。至於基督教（天主教）是不信有輪迴，對於死亡，舊約與希伯來的聖經則認為死亡，是對原罪的懲罰：這是大家都耳熟能詳的故事；因為我們的原始父母：亞當與夏娃，由於不服從神的旨意，偷嚐禁果，故被逐出伊甸園，於是死亡的懲罰，衍遞到這對墮落父母的後代子子孫孫。而人只一世，只有求得上帝的諒解才能再「永生」。而此諒解的契機不是你很善良，而是只能相信上帝（或天主）——（真正唯一的神）。哪怕你做惡多端如白曉燕案的陳進興。然，證嚴上人無法上天堂（未信上帝）陳進興能得永生，此上帝不是老番顛？至於伊斯蘭教我了解不多，但是他們不崇拜偶像，清真寺中只有幾何圓型做裝飾，一貫道的啥佛、神、仙的偶像都供著拜的情況，他們見了不瘋掉才怪？至於我國的儒教，也就是儒家思想，其實一直沒有成為一種宗教，而是一種淑世、經世的道理，用以如何使這個世界、社會更完善，是不探討生死的，孔子說未知生焉知死；還有「不語怪、力、亂、神」和「敬鬼神而遠之」，所以早在魏晉南北朝就有慧遠的三報論，和范縝神滅論的儒、佛之爭論的情況，一貫道為什麼、憑什麼要把許許多多格格不入的東西飣餖堆壘；東拉西扯在一塊「一貫」它們不可？個人以為有許多哲學思想、宗教教義，我比你們了解它們在說什麼，宗教信仰上我理解也包容各自不同教義，但我還是要信我的佛教！

從重讀紅樓夢的感想談到生活見聞的感觸

大約在二十一歲第一次讀紅樓夢，當時我不是一個自幼被養成有閱讀習慣的人，所以文學素養有限，紅樓夢人物多達四百多個，主要人物也有幾十個，人物和人物的關係也沒搞懂，只記得書中動不動就家庭聚會；大觀園中衆姐妹時不時的就詩社、做詩詞（像大觀園試才題對額 榮國府歸省慶元宵；秋爽齋偶結海棠社 蘅蕪苑夜擬菊花題；林瀟湘魁奪菊花詩 薛蘅蕪諷和螃蟹咏……等）不能領會，覺得艱澀，不精彩。

直到不惑之年，積磊了二十多年閱讀習慣和空中大學的課業而來的文學素養後，選修了紅樓夢賞讀，透過課本的整理，弄懂了紅樓夢中主要人物間的親屬關係，透過課本的引導，深感紅樓夢是一部文學色彩濃厚；文藝氣習濃烈的書，課程完，我不想只是管窺蠡測的看紅樓夢，於是去買了一套三大册帶注釋的紅樓夢來看。

紅樓夢令人嘆爲觀止的是人物衆多，但曹雪芹的生花妙筆卻能依人物的年齡、身份、職業、經歷、性情的不同，「使一人有一口吻，一人有一神情」這一點我們從人物所作的詩詞就可看出人物性格，以吃螃蟹時詠螃蟹詩爲例就可看出人物的性格，寶玉的詩：「持螯更喜桂陰涼，潑醋擂薑興欲狂。饕餮王孫應有酒，橫行公子卻無腸。臍間積冷饞忘忌，指上沾腥洗尚香。原爲世人美口腹，坡仙曾笑一生忙」可以看出寶玉的個性豪邁；黛玉：「鐵甲長戈死未忘，堆盤色相喜先嘗。螯封嫩玉雙雙滿，殼凸紅脂塊塊香。多肉更憐卿八足，助情誰勸我千觴。對斯佳品酬佳節，桂拂清風菊帶霜。」黛玉給人感覺總是詩情畫意，甚至多愁善感，這首詩還不覺得，像在寶玉所贈的手絹上：「眼空蓄淚淚空垂，暗灑間拋卻爲誰？尺幅鮫鮹勞解贈，叫人焉得不傷悲！」還有，哇！太長了葬花詞截一段名句：「……爾今死去儂收葬，未卜儂身何日喪！儂今葬花人笑癡，他年葬儂知是誰？試看春殘花漸落，便是紅顏老死時。一朝春盡紅顏老，花落人亡兩不知。……」以及詠菊、問菊、菊夢等的菊花詩……等都可看出黛玉性格；寶釵的詠蟹詩：「桂靄桐陰坐舉觴，長安涎口盼重陽。眼前道路無經緯，皮裏春秋空黑黃。酒未敵腥還用菊，性防積冷定須薑。於今落釜成何益，月浦空餘禾黍香。」也可看出本人的性格，寶，黛、釵三人詠蟹，寶釵詩寓意深刻，局面開闊。除了會賦詩做詞的人是「一人有一口吻」紅樓夢也有許多身份低下的人，不肖之人，說話言談眞是俗不可耐，甚至口沒遮攔！比方第九回戀風流情友入家塾　起嫌疑頑童鬧學堂中，就一大堆國罵滿紙飛；第二十八回，也就是寶玉唱紅豆詞「滴不盡的相思血淚拋紅豆……」的蔣玉菡情贈茜香羅薛寶釵羞籠紅麝串中薛蟠的：「女兒悲，嫁了個男人是烏龜，女兒愁，繡房竄出個大馬猴……」還有「女兒喜，洞房花燭朝慵起」這句雖好，但「女兒樂……，一根……」這句不方便說，衆人一聽直罵：「該死、該死……」而薛蟠唱的曲更是：「一個蚊子哼哼哼，兩個蒼蠅嗡嗡嗡。」眞是大老粗！

走筆至此我不禁想起我們現如今政府官員的言行。從早些時當時的外交部長陳唐山說什麼「鼻屎大」的新加坡在P「中國」的LP……的話；教育部長把罪行很多的「罄竹難書，演伸為只要做的事很多記載不完就可用「罄竹難書」，可是此成語典故中是說……，還有「三隻小豬」也是成語？開會時挖鼻孔、打瞌睡；陳總統說國務機要費被查是：「衰小」，比喻「大中至正」猶如太監李蓮英的「彼落物件」，割了就裝不回去了；莊國榮說要讓郝龍斌哭著回家找媽媽，說馬英九很娘、是小孬孬……等。

記者眞聰明把「捧卵葩」改成英文字母做代號PLP，意思是奉承、討好，也可以說成拍馬屁，只是更過份些，還帶點小心悒悒的意思！「那玩藝兒」走路也好、辦啥事也罷，都是不用留意它，它是不會掉，也嗑不著碰不壞的，你卻呵護著人家那兒，處處賠小心，捧著那兒顯得自己多卑微？說人家的國家「鼻屎大」，已經有小看人家的意思，已經很不禮貌了，又說人家討好「中國」，給「中國賠小心，怕得罪。已經過份了！還直接說成PLP，顯示自己粗俗之外，與其說是傳神，實際貶人至深！

再再讓人有像是紅樓夢中老祖宗、賈政等當家主事的人開口卻說出薛蟠、茗烟……等才會說的話，令人有角色錯亂的感覺！當外交部長時的陳唐山，角色應一如賈政，但一開口卻說出呆霸王才會說出的話；陳總統更好比老祖宗才是，說話之粗卻一如寶玉書童茗烟；教育部長角色至少要一如寶玉老師賈代儒這等老夫子，但教育部長打瞌睡、挖鼻孔，舉止有如呆霸王才會有的，解釋「罄竹難書」時，和說「三隻小豬」是成語，說「慣用成語，使人思想懶惰」時卻好比寶玉奶娘之子李貴把出自《詩經・小雅・鹿鳴》的：「呦呦鹿鳴，食野之苹」說成：「呦呦鹿鳴，荷葉浮萍」，拜託！教育部長耶！？怎麼表現的一如不學無術的呆霸王？表現的不如沒念過書的奶娘之子？「呦呦鹿鳴，荷葉浮萍」至少還學舌的對一半！而莊國榮對馬英九的批評，一如起嫌疑頑童鬥學堂的金榮捕風捉影，得意亂說秦鐘和香憐：「方才明明的撞見他兩個在後院子裏親嘴摸屁股……」馬英九長得一如秦鐘俊秀、斯文，不行嗎？

有人說講「衰小」，「PLP」代表本土、有鄉土氣息！記得前幾天有位國民黨的本省籍議員參選人吧？在電視上說過，LP他怎麼都不敢公開說，在他們家庭的教育中是不準說的！還好他沒說，不然回家會被罵死……之類的話。的確！事實上閩南語是一種很典雅的語言，很多遣詞甚至很文言，好比做客時想要客隨主便時，被問及事物選項時，回答是「請裁」而不是「隨便」；道歉時說：「失禮」；洗澡叫「洗浴」；稀飯是「糜」……

其實說不說粗口，跟有沒有教養，有無受教育有關。跟語言別、省籍，乃至於國籍都無關。曾有人說自己出生「外省」家庭，所以不會說三字經、五字經……。這話說得也有省籍歧視，不說是他家教養好，對本省人有錯誤偏見！有很多外省人，也許部份用字有所不同，罵起來也是國罵一卡車。說「國罵」也不對，外國人也會罵很多F、U、C、K開頭的話。像我這次到大陸河南鄉下，他們受教育程度最高初中，多數小學，甚至沒讀過書，說起話來也是GB、B滿天飛，日呀、蛋呀道處竄。說實在我也沒多清高，我也有不說男女生殖器學名的時候，不過都是私下夫妻在一塊時才說，一方面是方便，再方面有點刺激彼此興奮作用。現實生活中我也聽得，只是我都面無表情的聽著，也不以粗話罵人。這回我回河南就有人說話都不帶把（巴），也不會嚼（罵）人！

紅樓夢的作者是要製造成角色多元，使一人有一口氣，不得不描寫下等人的語言。政府那些官員都只是扮演獨自角色就好，爲什麼扮演得脫了序，端不住、沒有形象？演不好老祖宗、賈政、賈代儒！還是他們本來就是薛蟠、茗姻、李貴、金榮……這種下等貨色？

也許現實世界中每一個人的性格都是多面向的，所以一本書的作者根據自己顯、隱性的性格塑造出許多高尚、低下粗鄙、冷靜理智、感情善感……以及編故事、作詩、詞、謎語、行令……等才華創造出衆多性格鮮明的角色。反倒是現實世界的人容易因自己不同的性格面向，時而扮演走樣！

紅樓夢的作者除了能使故事人物「一人有一人口吻，一人有一人精神」還能使角色鮮明到「鬚眉畢現，聲口如聞」好比形容寶玉長相是：「面若中秋之月，色如春曉之花，鬢若刀裁，眉如墨畫，面如桃瓣，目若秋波。雖怒時而若笑，即瞋視而有情。」賈寶玉長相是俊美而漂亮，甚至可以說他美得像個女孩。他的氣質：「在上則不能成仁人君子，下亦不能為大凶大惡。置之於萬萬人中，其聰俊靈透之氣，則在萬萬人之上；其乖僻邪謬不近人情之態，又在萬萬人之下。若生於公侯富貴之家，則為情癡情種；若生於詩書清貧之族，則為逸士高人。」另外在紅樓夢第五回，警幻仙子稱寶玉「吾所愛汝者，乃天下古今第一淫人。」但又解釋說：「如世之好淫者，不過悅容貌，喜歌舞，調笑無厭，雲雨無時，恨不能盡天下之美女供我片時之趣興，此皆皮膚淫濫之蠢物耳。如爾則天分生成一段癡情，吾輩推之為『意淫』。『意淫』二字，惟心會而不可口傳，可神通而不可語達。汝今獨得二字，在閨閣中，固可為良友，然於世道中未免迂闊怪詭，百口嘲謗，萬目睚眦。」寶玉除了是未被女媧用以補天的頑石，化為神瑛侍者和絳珠仙草的前世因緣，而自幼和黛玉「日則同行同坐，夜則同息同止，真是言和意順，略無參商」見黛玉為落花感傷自憐，寶玉亦為之「慟倒山坡之上，懷裡兜的落花撒了一地」第五十七回，黛玉的丫環紫鵑向寶玉開玩笑，謊稱黛玉要回蘇州時，沒想到「那個獃子眼也直了，手腳也冷了，話也不說了，李媽媽掐著也不疼了，已死了大半個了」，直待事情說清，情緒平靜後，寶玉對紫鵑說：「我只願這會子立刻我死了，把心迸出來你們瞧見了，然而連皮帶骨一概都化成一股灰——灰還有形跡，不如再化一股煙，——

煙還可凝聚，人還看見，須得一陣大亂風吹的四面八方都登時散了，這才好。」第九十一回寶玉也對黛玉表答過「任憑弱水三千，我只取一瓢飲」和如對三寶般忠誠的：「禪心已作沾泥絮，莫向春風舞鷓鴣」。第二十九回說：「甚至連寶玉的一個眼神，都只有黛玉能懂」的深情，最後實踐了「你死了，我做和尚」的癡情之外。寶玉的意淫，是對生命中的每一個女孩的美好都欣賞，對女孩都「體貼」，曾說：「女兒是水做的骨肉，男人是泥做的骨肉。我見了女兒，我便清爽，見了男子便覺濁氣逼人、對女子是發自內心關懷、憐惜、保護、欣賞。比方見平兒「故爲平兒是個極聰明清俊的上等女孩，而寶玉因素日從未在平兒前盡過心，常認爲是恨事，一夕得在平兒前，爲其張羅換的衣裳、擦的胭脂，簪的花朵，寶玉便覺得是『今生意中不想之樂也』。」又如讓晴雯撕扇出氣，寶玉不但不生氣，反而在旁笑著說：「響的好，再撕響些。」只爲一古人云：『千金難買一笑』，幾把扇子，能値幾何？」還有對大觀園中戲子芳官、秋官的呵護，見薛寶釵的豐腴，欣賞的自嘆「沒福氣」（因爲自己愛的是黛玉）；憐惜思念賈薔的丫頭被雨淋濕……。但寶玉卻又沒有佔有之心，寶玉的丫環春燕對她娘就說：「寶玉常說，將來這屋裏的人，無論家裏外頭的，一應我們這些人，他都要回太太全放出去，與本人父母自便呢！」便知寶玉並無佔有的私心。

而林黛玉的型像則是：「兩彎似蹙非蹙罥煙眉，一雙似喜非喜含情目。態生兩靨之愁，嬌襲一身之病。淚光點點，嬌喘微微。閑靜時如姣花照水；行動處似弱柳扶風。心較比干多一竅，病如西子勝三分。」黛玉是多愁善感、含情多淚、嬌弱娉婷多姿而秀麗，而且聰明靈巧，身體雖病多，卻情韻超逸出衆。和寶玉的大荒山青梗峰下一塊「無材不堪入選，未被女媧用以補天的頑石，曾幻化爲赤瑕宮的神瑛侍者，日以甘泉灌溉靈河岸上三生石畔的絳珠仙草的林黛玉。絳珠仙草既受天地精華，又得雨露滋養，便脫腳了草胎木質，以絳珠仙子之姿，欲隨神瑛侍者下世爲人，一但把一生所有的眼淚還他，以報甘露之恵。黛玉和寶玉的博愛相比，黛玉的情感顯然是執一式的情有獨鐘。黛玉原有一弟，三歲而夭，故黛玉自幼即讀書識字，被當成兒子養，卻未受閨閣教養，不會針線活，才華獨具又卓越，曾提出作詩以「立意要緊」，「不以詞害意」作詩當是瀟湘妃子爲魁，是一位以靈性才情獨標的女性。但自幼父母早喪，寄人籬下，體弱多病，便養成他多愁善感，見到落花、聽到曲文，都能令她「心痛神癡，眼中落淚」。此外她也不太懂得人情世故，語言刻薄，李嬷嬷便曾說她「說出一句話來比刀子還利害！」

紅樓夢中的人物都具性格、神態，如史湘雲的健康美；探春的懂事幹練；元春、迎春、惜春、李紈、寶釵……乃至於妙玉都有不同的氣質和容貌。

再來說一個鳳辣子、鳳哥兒的王熙鳳。她的容貌和神態，還有行止的排場、穿著，在黛玉上賈府的第三回說：「只見一群媳婦丫鬟擁著一個人從後房門進來。這個人打扮與衆姑娘不同，彩繡輝煌，恍若神妃仙子：頭上戴著金絲八寶攢珠髻，綰著朝陽五鳳掛珠釵，項上戴著赤金盤螭瓔珞圈；裙邊繫著豆綠宮絛，雙衡比目玫瑰佩；身上穿掛；下著翡翠撒花洋縐裙。一雙丹鳳三角眼，兩彎柳葉吊梢眉，身量苗條，體格風騷，粉面含春威不露，丹唇未啓笑先聞。」可見王熙鳳是人未到，聲勢排場先到，笑聲也先到，穿著打扮彩繡輝煌，恍若神妃仙子，金、珠、瓔珞、玉佩；縷金線、五彩刻絲、銀鼠掛。加上媳婦、丫鬟跟著，眞是有錢得擺譜、鋪張！

說到鋪張，賈府只吃一頓螃蟹、加上酒菜錢，就二十多兩銀子，已夠莊稼人過一年。因爲賈府是江南世族豪門，所以有錢。然而王熙鳳娘家才更有錢，也是寶玉母親王夫人家，有錢得「東海缺少白玉床，龍王來請金陵王」。因此她也見過世面，說：「我們王府也預備過一次，那時我爺爺單管各國進貢朝賀的事，凡有外國人來，都是我們家養活。粵、閩、滇、浙所有的洋船貨物都是我們家的。」王家和賈、史、薛三家是江南的世族豪門，也是世代姻親，後來三家漸沒落，獨有王熙鳳的叔叔王子騰卻升任九省都檢點。因此她氣焰囂張，對丈夫賈璉說：「你們看著你家什麼石崇、鄧通。把我王家的地縫子掃一掃，就夠你們過一輩子呢。說出來的話也不怕臊！現有對證：把太太和我的嫁妝細看看，比一比你們的，那一樣是配不上你們的。」

另外，也由於王熙鳳自幼被當做男孩來教養，所以她「言談又爽利，心機又極深細，竟是個男人萬不及一的」從第三回的出場的聲勢排場看出，她地位是很被看重。娘家有錢有勢；

又被當男孩教養；且是見過大世面，所以賈府經濟大權也是她在掌管。因其出身所至吧！揮霍無度。要供應大量度用，才有利用各房月列錢放高利貸的情況。雖然秦可卿有託夢警告她「月滿則虧，水滿則溢」她依舊我行我素，也許身不由己的用大花費過日子，連第十三回、十四回協理寧國府料理秦可卿後事，一切度用都超過了死者身份、地位及禮節所需。直到賈府被抄，她放高利貸所得也被沒收。

其實若依照紅樓夢第五回對王熙鳳的判詞：「凡鳥偏從末世來，都知愛慕此生才。一從二令三人木，哭向金陵事更哀。」王熙鳳是生在末世，因爲王家最後也沒落了，熙鳳外表光彩奪目，表面精明幹練，其實庸俗平凡，本質仍是凡鳥，所以無力回天。「一從二令三人木」是說賈璉對鳳姐最初是言聽計從，繼則對賈璉一再發號施令，凡事用命令，要他這樣、那樣；不可這樣、那樣，最後是被休回家也是，因「人加木，等於休」，但高鶚續書結局不同。

曹雪芹在設計一個人物型像時，把王熙鳳設計成有「一雙丹鳳三角眼」個人認爲跟中國人相書上說三角眼的人心腸比較狠不無關係，像戲臺上的奸雄曹操，除了白臉，就是勾三角眼（勾臉是唱淨角畫臉術語）。個人覺得從兩件事可以看出王熙鳳的心狠！頭一件是第十二回王熙鳳毒設相思局 賈天祥正照風月鑑設局陷害愛慕自己的賈瑞的情節，太狠了！對於這樣的事，可以當面道破，明白拒決，說明自己已是有夫之婦，已不可能了，何必捉弄人家呢？也是賈瑞自己想不開，要正照風月鑑才死於非命的。再來便是鳳姐用巧計騙殺尤二姐的一段情節。當鳳姐發現賈璉已偷娶尤二姐爲妻，並在外買屋住著時，鳳姐便趁賈璉外出辦公之際，叫僕人依照自己正室一般，收拾佈置三間房，口蜜腹劍，心口不一的——依照鳳姐的說法，賈璉認爲她善嫉，下人說她嚴苛，都是冤枉，全不可信；若尤二姐願意同她回家，乃是她的大恩人，正可洗去惡名。並可同居同處，共事賈璉，以保名節。「請」尤二姐搬回家住。不想自此以後或不給尤二姐飯吃，或給她吃剩的，唆使尤二姐退聘的前夫張華告賈璉「背旨瞞親，仗財依勢，強逼退親，停妻再娶」，又以銀兩賄賂官府辦案，並賞秋桐給賈璉爲妾，借刀殺人，讓秋桐去對付尤二姐，使尤二姐身心備受煎熬，終於因病誤看庸醫，而打下一未成形的男胎，鳳姐還假意燒香拜佛，作態地禱告說：「只求尤氏妹子身體大愈，再得懷胎生一男子，我願吃長齋念佛。」最後逼得尤二姐無路可走，便吞金自盡了。

然而鳳姐的心狠是心狠得有道理、有原因的。她下狠手的對象都是礙著她、對不起她的人。像賈瑞，對她起了歪心，非份之心，甚至直接說它是「淫心」；而尤二姐更是搶了她的男人，「兩頭大」又懷了孕，萬一尤二姐生下男孩，母以子貴那還了得？不是搶了她大太太的地位！何況，果然男胎！當鳳姐燒香祈禱時，其實是在感謝神佛站在她這邊，令她得了勝利。求不能讓尤二姐活著，要生男孩也要鳳姐自己生，自己不也生過女兒（巧姐），還有，她也懷過男胎，只是流掉了，還留下病根。

同時，對下人嚴格，也是身爲奴才的欺了主了，在爲寧府媳婦秦可卿喪事時，也是一進門就看出寧府五大弊端，所以重罰犯過下人，樹立主人及自己本身威信。

個人認為王熙鳳是個喜怒不形於色的人，尤其是偏向憤恨、怒氣衝天時，正所謂「粉面含春威不露」，因此賈璉的心腹小廝興兒對尤二姐描述王熙鳳：「嘴甜心苦、兩面三刀；上頭一臉笑，腳下使絆子；明是一盆火，暗是一把刀；都占全了。」喜怒不形於色之外，外加口才好，所以才能把尤二姐騙回家。口才之好，所以形容「丹唇未啓笑先聞」。

口才好也表現在好事上，在湘雲請賈母等人在藕香榭賞桂花，賈母說她兒時跌入水中差點死去，頭被碰破成如今一塊窩兒。竟成鳳姐口中用來盛福壽的窩兒。說她討好，不如說她孝順。

所以王熙鳳對於礙著她；對不起她的人是狠毒計較；對大觀園中衆家姐妹是非常好的。例如李紈帶領衆姐妹聲勢浩大的找她加入詩社，她知道這不過是要她出錢，她立即答應擔任「監察」職務，出資五十兩；對李紈好不在話下，幾次有人過壽、家庭宴會等都沒要李紈出份子錢；對大觀園中衆姑娘、丫頭們、黛玉、寶釵、邢岫煙、襲人……連平兒都不錯，除了在賈璉偷下人妻，她潑醋那次，誇大其詞的說賈璉要休了她把平兒扶正的話；王熙鳳尤其是對上門求援的連宗劉姥姥好，幫助她二十兩，因此結下善緣，使女兒巧姐避免了被舅舅賣做人妾，得以嫁一名秀才。

說到劉姥姥，想必有很多人喜歡劉姥姥，紅樓夢中她最討喜。她是誰？一位積年老寡婦，依女兒女婿過活，只爲寒冬將至，無法度日，姥姥不滿女婿王狗兒的「有了錢就顧頭不顧尾，沒了錢就瞎生氣」，遂帶了孫子板兒至賈府找機會。王家和賈府唯一的牽連是王狗兒的祖上，曾因貪王家的勢力，和鳳姐的祖父連過宗，是幾年來不大走動的「窮親戚」。在歷經層層的通報，一等再等，姥姥如朝聖般目眩於賈府的富麗、奢侈，也見識到王熙鳳的派頭、威儀，最後鳳姐以給丫頭做衣裳的二十兩銀子，拿給劉姥姥。

劉姥姥的特質有樸拙的優點，而無其缺點。有專家說劉姥姥：「她似乎粗直，卻絕不魯莽；似乎無知，卻絕不低能；也頗有心機，但不邪佞」。第三十九回，作者寫道：「那劉姥姥雖是個村野人，卻生來的有些見識，況且年紀老了，世情上經歷過的。」是以初見賈母，劉姥姥謂「請老壽星安」，可說是對賈母最貼切、最窩心的稱呼；賈母自歎年老：「我要到這麼大年紀，還不知怎麼動不得呢。」劉姥姥卻讚說：「我們生來是受苦的人，老太太生來是享福的。」賈母自傷沒用：「我老了，都不中用了，眼也花了，耳也聾，記性也沒了。你們這些老親戚，我都不記得了。親戚們來了，我怕人笑我，我都不會，不過嚼的動的吃兩口，睡一覺，悶了時和這些孫子孫女兒頑笑一回就完了。」劉姥姥卻開解道：「這正是老太太的福了，我們想這麼著也不能。」她還會編故事，說些令賈母高興、哥兒姐兒愛聽的話……。賈母宴請劉姥姥的一段：「鳳姐手裏拿著西洋布手巾，裹著一把烏木鑲銀箸，故敠人位，按席擺下。……那劉姥姥入了坐，拿起箸來，沈甸甸的不伏手。原是鳳姐和鴛鴦商議定了，單拿一雙老年四楞象牙鑲金的筷子與劉姥姥。劉姥姥見了，說道：『這叉爬子比俺那裏鐵鍁還沈，那裏強牛的動過他。』說的衆人都笑起來。」面對鳳姐故意調換考究、沈重的四邊突起，象牙鑲金的筷子給她，劉姥姥顯然手足無措，用得不順手；但她卻也不掩瞞，個性的眞誠樸拙，加上來自鄉野的土話，讓衆人樂不可支。至於「……劉姥姥拿起箸來，只覺不聽使，又說道：『這裏的雞兒也俊，下的這蛋也小巧，怪俊的。我且肏攮一個。』衆人方住了笑，聽見這話又笑起來。賈母笑的眼淚出來，琥珀在後捶著。……」連老師都說：「劉姥姥將沒見過的鴿蛋，誤當作雞蛋……」個人認爲劉姥姥來自鄉下，怎會沒見過鴿蛋、鵪鶉蛋？不過也許眞沒吃過！我想她是故意的，目地是逗衆人笑衆人開心，筷子也是，當象牙鑲金換上烏木鑲銀的。「劉姥姥道：『去了金的，又是銀的，到底不及俺們那個伏手。』鳳姐兒道：『菜裏若有毒，這銀子下去了就試的出來。』劉姥姥道：『這個菜裏若有毒，俺們那菜都成了砒霜了。那怕毒死了也要吃盡了。』」。是劉姥姥有心討好！

還有，「……鳳姐兒笑道：『一兩銀子一個呢！你快嘗嘗罷，那冷了就不好吃了。』劉姥姥便伸箸子要夾，那裏夾的起來，滿碗裏鬧了一陣好的，好容易撮起一個來，才伸著脖子要吃，偏又滑下來滾在地上，忙放下箸子要親自去撿，早有地下的人撿了出去了。劉姥姥嘆道：『一兩銀子，也沒聽見響聲兒就沒了。』衆人已沒心吃飯，都看著他笑。」

從象牙鑲金筷、烏木鑲銀筷到一兩銀子一個的鴿蛋，突顯了賈府浪費、精緻、雕琢的生活，所謂「一兩銀子，也沒聽見響聲兒就沒了」文字表面看似輕鬆、有趣，衆人也不察覺，其實卻隱寓批判的意味。

劉姥姥性情忠誠，知恩善報。二次上門她說：「家裏都問好。早要來請姑奶奶的安，看姑娘來的，因為莊家忙。好容易今年多打了兩石糧食，瓜果菜蔬也豐盛。這是頭一起摘下來的，並沒敢賣呢！留的尖兒，孝敬姑奶奶姑娘們嘗嘗。姑娘們天天山珍海味的也吃膩了，這個吃個野意兒，也算是我們的窮心。」誠心的一番說辭，既表達了劉姥姥的回報之心，也使禮輕情意重，開啓了與賈母見面、宴遊的契機；迨至離園的前夕，劉姥姥沒有客套辭令，一席話也眞誠、篤厚地令人感動：「雖住了兩三天，日子卻不多，把古往今來沒見過的，沒吃過的，沒聽見過的，都經驗了，難得老太太和姑奶奶並那些小姐們，連各房裏的姑娘們，都這樣憐貧惜老照看我。我這一回去後沒別的報答，惟有請些高香，天天給你們念佛，保佑你們長命百歲的，就算我的心了。」我眞心、誠心。

劉姥姥從初次入府、至四度出園，視對象、看場合，來說話，做事自娛娛人，以賈母宴請她這場爲例，從故意給她用貴重筷子、吃鴿蛋，到任鳳姐打扮，插了滿頭的花，卻說：「我雖老了，年輕時也風流，愛個花兒粉兒的，今兒老風流才好」，都說明姥姥深諳人情世故之處。其實姥姥不是不知鳳姐、鴛鴦連手作弄、取笑她，所以當鴛鴦向她賠不是時，姥姥說：「姑娘說那裏話，咱們哄著老太太開個心兒，可有什麼惱的！你先囑咐我，我就明白了，不過大家取個笑兒。我要心裏惱，也就不說了。」由此可知，脂評「劉婆亦善於權變應酬矣」的說法，還不完全，忽略了姥姥應機權變的背後，尚有一顆溫厚的心。

另外，自認「清雅」的林黛玉，譏嘲劉姥姥爲「母蝗蟲」、以「高潔」標榜的妙玉，將劉姥姥用過的杯子棄而不用，均意在突顯劉姥姥的「粗俗」；惟此一清雅、高潔的人品、生活方式，似乎都不經久，容易折斷。

接下來再來談談薛寶釵的形像。因爲寶、黛、釵三人的三角關係，寶釵嫁給了寶玉，而黛玉卻死掉了，讀者或許因同情黛玉，而比較喜愛黛玉不喜歡寶釵。就說寶釵在書中是個具有爭議性的人物，有人說她是閨中婦女的典範，牟宗三便說她是「道中庸而極高明」的衛道者；有人說她世故且胸有城府，太愚就曾說她是「富有政治手腕的現世功利者」。

種種不同的評價中，我比較喜歡正面「閨中婦女的典範」這一種，其他都帶有負面或全然負面。寶釵之所以如此是「閨中婦女的典範」是家境和家教的關係，寶釵出身皇商的家庭「家中有百萬之富，現領著內帑錢糧，採辦雜料。」既是拿公帑爲宮廷採辦用品，又是祖傳的事業，所以得錢並不費力，一方面使「豐年好大雪，珍珠如土金如鐵」，成爲賈史王薛四大名宦家族之一，而以財大氣粗，列名最後。我想有錢人都會好好栽培自己的子女，現在的有錢人也是讓子女學鋼琴、小提琴、芭蕾舞、跆拳道……甚至讀高學歷等，除非資質不夠像薛蟠一樣。寶釵與其兄迴異其趣，不但讀書識字，較其兄高十倍，而舉止閑雅，留心針黹家計，頗能爲其母分憂解勞。而寶釵進京，是爲了待選宮中女官，她也確實具有傳統婦女的美德，罕言寡語，品格端方，只可惜並沒選中。或者說還好沒選中！

寶玉雖和黛玉有戀情，寶玉也對黛玉說：「咱們是姑舅姐妹，寶姐姐是兩姨姐妹，論親戚，她比你疏。」然而寶釵還有母親、和哥在，黛玉已是孤女，且寶釵家裡也富有，黛玉還輸一點，就是有勞病。還有，就是性情的差異，是寶釵所以雀屏中選，與寶玉成婚的主觀因素，這是課本上說的。個人則認爲是寶釵的個性特質加上家境富裕使然，她大方樂施，連賈府中不受歡迎的人物賈環，都收到寶釵的禮物，趙姨娘便想著：「怨不得別人都說那寶丫頭好，會做人，很大方，如今看起來果然不錯。他哥哥能帶了多少東西來，他挨門兒送到，並不遺漏一處，也不露出誰薄誰厚，連我們這樣沒時運的，他都想到了。若是那林丫頭，他把我們娘兒們正眼也不瞧，那裏還肯送我們東西呢？」

趙姨娘的一席話，點出了寶釵受歡迎的原因之一，也顯示賈府人等當將寶、黛二人做比較，而黛玉常居下風。

另外，寶釵爲人體貼周到，一次見襲人做鞋，忙得分不開身。「襲人道：『偏生我們那個牛心左性的小爺，憑著大小的活計，一概不要家裏這些活計上的人作。我又弄不開這些。』寶釵道：『你理他呢！只管叫人做去，只說是你做的就是了。』襲人道：『那裏哄得信他，他才是認得出來呢！說不得我只好慢慢的累去罷了。』寶釵笑道：『你不必忙，我替你作些如何？』襲人笑道：『當眞的這樣，就是我的福了。晚上我親自送過來。』寶釵主動提出爲襲人代勞。

又一次，史湘雲擬爲海棠詩社做東道、出詩題，寶釵爲湘雲設想，向湘雲說道：「既開社，便要作東。雖然是頑意兒，也要瞻前顧後，又要自己便宜，又要不得罪了人，然後方大家有趣。你家裏你又作不得主，一個月通共那幾串錢，你還不夠盤纏呢。這會子又幹這沒要緊的事，你嬸子聽見了，越發抱怨你了。況且你就都拿出來，做這個東道也是不夠。難道爲這個家去要不成？還是往這裏要呢？」於是寶釵準備了螃蟹、好酒，還爲湘雲代擬詩題，解了湘雲的爲難。寶釵待人，不分上下，都能體恤周到，爲此也贏得了賈府的人心。

紅樓夢第五回，說寶釵：「行爲豁達，隨分從時」第八回則說她「罕言寡語，人謂藏愚；安分隨時，自云守拙」，脂評以爲「十六字乃寶卿正傳」，指的便是寶釵做人做事通情達禮，知道什麼時候該說什麼話，該做什麼事。這不是很好嗎？有人偏要說她因爲守禮過頭而無情，因爲當寶玉的丫環金釧被寶玉招惹，說了些不莊重的玩笑話，讓王夫人聽到，便執意要遣送金釧出去，金釧因受不了屈辱，遂負氣投井而死，王夫人不免於心不安，向寶釵哭訴，寶釵說：「『姨娘是慈善人，固然這麼想。據我看來，他並不是賭氣投井。多半他下去住著，就是在井跟前憨頑，失了腳掉下去的。他在上頭拘束慣了，這一出去，自然要到各處去頑頑逛逛，豈有這樣大氣的理！縱然有這樣大氣，也不過是個糊塗人，也不爲可惜。』王夫人點頭嘆道：『這話雖然如此說，到底我心不安。』寶釵嘆道：『姨娘也不必念念於茲，十分過不去，不過多賞他幾兩銀子發送他，也就盡主僕之情了。』王夫人道：『剛才我賞了他娘五十兩銀子，原要還把你妹妹們的新衣裳拿兩套給她妝裹。誰知鳳丫頭說可巧都沒什麼新做的衣服，只有你林妹妹作生日的兩套。我想你林妹妹那個孩子素日是個有心的，況且他也三災八難的，既說了給他過生日，這會子又給人人妝裹去，豈不忌諱。因爲這麼樣，我現叫裁縫得兩套給他。……』……寶釵忙道：『姨娘這會子又何用叫裁縫趕去，我前兒倒做了兩套，拿來給他豈不省事。況且他活著的時候也穿過我的舊衣服，身量又相對。』王夫人道：『雖然這樣，難道你不忌諱？』寶釵道：『姨娘放心，我從來不計較這些。』」紅樓夢賞讀的課本上說：寶釵爲了開解、安慰王夫人，可以另編一套說辭，還以「不守分」的理由把責任歸過金釧，雖然達到做人的目的，卻也顯得寡情，尤其富商出身的她，也不免有以金錢打發一切的心理，人命關天的問題於是就被忽略了；而以新衣相贈的舉動，更是突顯她做人豁達，不但爲王夫人解決問題，無形中還把黛玉比了下去。

我倒覺得金釧的死王夫人只有道義上的責任，心理上的過意不去，沒想到金釧那麼想不開！而王夫人找寶玉傾訴，原就希望獲得心安、開解，難道要寶釵說：「對，就是姨娘您不對！您不殺伯人，伯人卻因你而死！你自己那愛招惹人的兒子不管好，只會趕人出去，金釧多不服氣呀？外人知道她是招惹寶玉被趕出去，一女孩子家，你要他怎做人？……」而讓王夫人痛哭流涕不止嗎？就好比現代的徐明、應彩靈長女自己想不開跳樓自殺，能說小白殺了她嗎？小白只是道義上過不去。既不是王夫人行兇殺了金釧，寶玉也挨了打，就沒什麼人命關天的事，再說，以金錢打發一切心裡，現在不是有很多官司也是打得理賠官司，有理賠比沒理賠還有人性不是嗎？不論醫療過失，車禍肇事、加害人的人，對受傷害人不聞不問才是不是人，既賠了錢也盡了道義，且劉姥姥不是說二十兩就可過一年，賠五十兩不是過兩年半日子？給金釧收埋後，剩下的錢拿去做小生意，一生受用不盡了。至於給衣服讓金釧妝裹，不是既表現了念金釧舊情，也是表達了為安慰生人的姨娘，而編排你死人的不是的過意不去，是有感情人的表現呀！寶釵新衣相贈金釧妝裹，並沒有要把黛玉比下去的心，外人要怎麼比較她兩，不是寶釵能左右，再說王夫人只是擔心黛玉體弱多病，拿她衣服給死人妝裹不妥，犯忌諱。根本沒問黛玉，黛玉沒參與意見在其中。

紅樓夢賞讀的課本又說六十七回，尤三姐以死明志，柳湘蓮也自悔不已而出家，當薛姨媽正為曾救她兒子性命的柳湘蓮和尤三姐的結局，難惜不已時，寶釵聽了說：「俗語說的好：『天有不測風雲，人有旦夕禍福』。這也是他們前生命定。前日媽媽為他救了哥哥，商量著替他料理，如今已經死的死了，走的走了，依我說，也只好由他罷了。媽媽也不必為他們傷感了。倒是自從哥打江南回來了一二十日，販了來的貨物，想來也該發完了。那同伴去的伙計們辛辛苦苦的，回來幾個月了，媽媽和哥哥商議商議，也該請一請，酬謝酬謝才是。別叫人家看著無理似的。」書上說，對寶釵來說，人際的禮數應酬更重要，往日的舊識金釧、救過哥哥的柳湘蓮、尤三姐，既是「前生命定」，都死了，還有什麼好傷感的呢？

其實我個人認爲，事有輕重緩急「往事已已，來者可追」活著、眼面前的人才重要，開解活人心胸；再說她家從商的，無論是陪客戶吃飯，還是宴請伙計——看文章是伙計才是。是該宴請一下伙計，慰勞一下辛勞，人家替你工作或做生意才更賣力才是，所謂「交人（帶人）要交（帶）心，澆花要澆根」。至於爲某人傷感的事就放在心裡吧！

課本還說，第六十三回，寶釵抽到花籤，上面畫著一枝牡丹，題著「豔冠群芳」，下有小字，寫道：「任是無情也動人」。無情的實質裏，包裹著守禮、週到、豁達的外衣，寶釵不讓人心動也難。還說寶釵的無情，在書中是暗有所指的。其姓「薛」，諧音爲「雪」，故第五回的判詞：「金簪雪裏埋」，指的便是薛寶釵婚後的結局。她自小服用的也是「冷香丸」，爲的是治「從胎裏帶來的一股熱毒」。至於什麼樣的熱毒？課本說：寶釵注重事功名利，說：寶釵的知禮守份，不是要求自己而已，也時以「女夫子」的善意、口吻，試圖改變周遭的人。她勸黛玉：「你我只該做些針黹紡織的事才是，偏又認得了字，既認得了字，不過揀那正經的看也罷，最怕見了些雜書，移了性情，就不可救了。」又說：「自古道：『女子無才便是德』，總以貞靜爲主，女工還是第二件。其餘詩詞，不過是閨中遊戲，原可以會可以不會。」寶釵說的，都是標準的「婦言」，強調的是「婦德」、「婦功」。本人覺得寶釵對黛玉說這些，正表示了她對黛玉的關懷和友愛，怎說她無情？課本又說：她譏寶玉：「虧你今夜不過如此，將來金殿對策，你大約連『趙錢孫李』都忘了呢！」一意要寶玉求經濟功名，輔國治民，反招惹得寶玉不是「咳了一聲，拿起腳來走了」，就是嫌寶釵「好好的一個清淨潔白女兒，也學的釣名沽譽，入了國賊祿鬼之流。……不想我生不幸，亦且瓊閨繡閣中亦染此風，眞眞有負天地鐘靈毓秀之德。」即便是婚後，寶釵對寶玉還是經常「機會教育」，寶玉認爲「赤子之心」，「不過是無知無識無貪無忌」，寶釵則持異見：「你既說『赤子之心』，古聖賢原以忠孝爲赤子之心……時刻以救民濟世爲心」，兩人想法的南轅北轍至此田地。……我個人以爲寶釵對黛玉、寶玉是苦口婆心，尤其對寶玉的勸說更叫「相夫教子」，是爲寶玉好，是她表達對丈夫愛的方法，怎說她無情？！是寶玉、黛玉太不食人間煙火，不切實際！怎說寶釵，從胎裏帶來的一股熱毒」是注重功利？爲什麼不把這股熱毒看成是：「想要表答自己感情的心；對姐妹們的友愛之心；對母親孝順；對哥哥的擔心；尤其對丈夫的愛；以及渴望丈夫的愛，更尤其丈夫愛的是生前的黛玉，黛玉死後丈夫卻出家，自己卻得守活寡！也許寶釵是天生熱情的人，甚至是生理欲念，所以她必需自小服百花「冷香丸」來壓抑，才能維持長時間如二十一回的脂評說的「寶卿待人接物不疏不親，不遠不近，厭之人亦未見冷淡，可喜之人亦未見醲密之情，形諸聲色。」住蘅蕪院，不但「一株花木也無」，進了房屋，亦「雪洞一般，一色的玩器全無」。以品德、辭令、儀態、女工四德兼備，塑造女性完美的形象。因此本人以爲寶、黛、釵三人中，最可憐的是寶釵，寶玉是無才可補，冥頑癡愚的頑石；黛玉是終生還淚，從天上追隨到人間的絳珠仙草。他兩，出家的一位是想開的人；去逝的一位已去逝，命運的捉弄，連累了寶釵服冷香丸壓抑自己熱情，在此「冷香丸」好比禮教，過著教養寶玉子嗣又守活寡的大半生。

課本上說寶釵不好，表示教授不喜歡寶釵。然而就我所知，不少人是喜歡寶釵的，記憶中連已故歌手張雨生都喜歡薛寶釵；也有長輩說薛寶釵最懂事。是寶玉、黛玉太不顧現實，不食人間煙火了！其實寶釵規勸黛玉那段，黛玉接受了，且從此寶釵、黛玉兩人變得很好，之後寶玉還納罕的問：「幾時孟光接了梁案？」寶釵對黛玉也很關心、康慨，拿燕窩給黛玉服用。對寶玉的規勸也符合儒家淑世觀，並沒錯，只是寶玉性格更能接受佛、道的虛無觀，而本人也是喜歡寶釵的康慨、大方、守禮、週到、豁達……大器。

說了紅樓夢四百多個角色中賈寶玉、林黛玉、王熙鳳……等幾人的容貌神態、性格之後，我有了幾句話想說。首先想到曾有位哲學家說過：「性格即命運」這句話。是說一個人是什麼樣的性格就左右著他（她）的命運走向。好比紅樓夢中的「金陵十二釵」的命運，各有性格各有命運，即便大多走入悲劇！而男性角色，如寶玉、賈珍、賈赦、薛蟠、柳湘蓮……等，也因個人不同性格有著不同的人生走向。你能想像嗎？如果寶玉不對黛玉癡情，就不會出家，跟寶釵共度美滿一生；薛蟠不衝動打死人就不會坐牢，讓母親、妹妹操心了；……賈赦不貪人古扇，就不會搞得被抄家、流放，連累所有家人，丟祖上的臉……。

現實世界中的人也是。除了「性格即命運」還有「人生好比在照鏡子，你對鏡子笑，鏡子就會對你笑」這句話。而您會對鏡子笑？對鏡子哭？對鏡子生氣……都隨在您啦！看自己想要什麼樣的人生。有人這麼說……也許吧！一個人根深蒂固的性格、脾氣，也是一種業障，非把人帶到某種命運去！雖然命運的走向因素很多——天賦；自身以外的人為因素；……疾病導致。不可否認的，性格！

其次我還想到：「人過了四十歲，要對自己長相負責」這句話。一個人成長過了四十歲，無論是自我充實的學習；歲月的歷練；修身養性；工作賺錢……各方面的時間都夠久了，可以說已過半生，不少命短的人還活不到四十呢！孔夫子也說「四十而不惑」四十歲的人，你是什麼樣的氣質、內含？別人是怎麼看你？改正自己性格缺點沒有？風度、長像……人到中年，你是一名學者？是不學無術？是做了很大生意，賺很多錢的大老闆？是窮光蛋？是勤勞積極？好逸惡勞，遊手好閒？是修行者？是流氓？……還是您人生一路整型，把自己整成另一個自認完美的長像、另一張臉，甚至另一性別？您都要自己負責。事實上一個人從有自覺您就要對自己負責，認眞活，四十歲後才有好形像，一開始不認眞，沒有開頭努力起，有天猛回首，發現時不我與，感嘆人生苦短，發現不學無術的已成不了飽學之士；窮光蛋已成不了有錢人（郭台銘之流）；是流氓的則早在監獄中浪費了大半生（沒判長期，也進進出出的)；也有人嘆當年沒多點時間陪妻、陪兒、陪父母……等；看來只剩下整型來得及塑造自己好形像！不，你若沒年少起存、賺很多錢，四十歲的你也無錢可整出好形像！

還有政府那些說「PLP」、「衰小」……，動作「挖鼻孔，打瞌睡」……的長官，您們也要爲自己「長相」負責，要「有扮」啦，您們的地位！您們都過了四十了吧？

從紅樓夢中小說人物性格說到了現實人生的性格和努力對自我負責，至此我想有人會說：「小說人物性格只是作家塑造出來的，當不得眞」可是一名作家一如曹雪芹能經營塑造出那麼多不同年齡、背景、性別……的人物性格，現實生活中我們只需留意自己的形像，只經營塑造自己也做不好嗎？心理學說人有本我、自我、超我，我們不必把自己塑造成超我(理想裡的自我)但不能差太多吧？說到這，曹雪芹成功的塑造出紅樓夢那麼多人形像，無形中也塑造出曹雪芹自己是才華橫溢、聰明智慧、見多識廣、人情練達、文學底子深厚……的形像，尤其在表現一些角色才學、內涵之類時更驚人。

不要迷信；佛教沒有「卡陰」的說法

前幾天看報上說吊食物上樓餵養二歲女童的爸爸還有一名四歲大的兒子，也就是女童的哥哥，在姑媽家，也和女童一樣發展遲緩。還說有「信佛」的人說什麼兄妹倆是「卡著陰」……等。

眞的是太迷信了！也誤會佛教了。我曾一再提及最基礎的佛學：「十二因緣、四聖諦、三法印、八正道……」其中內容都未細說。一方面我認爲信佛者都知道，再方面，要是准許我用十張、二十張稿紙寫，我就把我看過的書、唸過的課本翻出來照抄，或翻著課本用自己的話寫一遍。其實佛學並不迷信，是一套教人離苦的道理，其中八正道中的正命，就是佛弟子用正當的職業去活命，也就是學佛者、出家人不可以看相、算命、看風水、降妖除魔等怪力亂神的工作去活命。當然所有正思、正見認爲不對的事也不能做。什麼「卡著陰」的說法，比較像道教或民間信仰的說法。

知道嗎？佛教並不燒紙錢。在佛教還未傳入中國前中國並無輪迴轉世的觀念，所以敬神祭祖。而之所以燒紙錢的來源，印象中從前一位教印染的老師說過：「……蔡倫發明紙後想：

『有何用途？』蔡倫就先裝死，等衆人來弔祭又假裝復活，然後拿起紙告訴衆人：『在陰間都用這東西當錢……』以此方式推銷紙的銷路……」。所以「卡著陰」絕對不是像星雲法師、聖嚴法師、證嚴上人之類的人告訴你的。一定是什麼神壇主持人或自稱修道人的，甚至說是江湖術士所說的。

道教乃至於民間信仰爲了要融合中國自古以來祭祖的習俗和佛教所說的輪迴，乃至巫術信仰，所以憑想像東加、西加的。本來祭祖是在宏揚孝道，表示不忘本。就被發展成承負的信仰，祖先積德行善可以蔽蔭子孫；做了惡事就會禍延子孫，最令人討厭的就是當有人家生下殘障小孩就會被說成祖上或父母做了「歹責德」！還有什麼人死不會立刻輪迴，要在陰間再生活個一百多年才輪迴，不這麼說，祭祖祭什麼，不是都輪迴了？還有、還有、死在房子裡靈魂會被吸入牆中；死路上成爲地絆靈……加上燒紙錢的習俗，於是發展成多彩多姿。

買到「兇宅」「卡到陰」又是形形色色的說法之一，什麼開口想說話卻說不出是「卡到陰」，其實那就好比我們大人要開始學外文，老師告訴我們一句話，因外文是一串陌生的音節，我們也會開不了口，不知從何模仿起，更何況小孩還沒文字概念。發展遲緩就是發展遲緩！

其實我兒當初也是語言發展遲緩，自閉症。以我經驗不妨先從最近的五官、肢體、器皿教起，比方：「眼睛、鼻子、嘴巴……手、腳；杯子、碗……等」然後是圖片：「螃蟹、海豚……」剛開始也許不會說，但只要聽懂，比方：「拿杯子喝水」之後漸漸仿說，剛開始也許發音不準，記得我兒最早叫天線寶寶的丁丁是閩南語甜甜發第一聲；哆啦A夢是哆啦咪夢……。後來有自發性語言，但有顛倒句，慢慢都什麼都會說，連第一人稱、第二人稱、第三人稱的你、我、他也會變換了。

我兒子現在說話完全正常，繪畫得到校內的佳作獎沒啥好說的；中原大學的特殊兒童繪畫第一名；國泰舉辦的兒童繪畫比賽的佳作獎，是和正常小朋友一起參賽，據說千中選一。他識得不少國字；認識注音符號；會拼音；恐龍什麼肉食的暴龍、迅猛龍……草食的三角龍、梁龍……如數家珍，連發現地、體型大小都知道；野生動物也認識很多；還有獨角仙、鍬型蟲也是小專家。數學也會加法、減法四則運算；有幾分之幾的概念；會看時鐘；乘法表全會背……ABCD也會背，且認得幾個單字。他才十歲（虛歲），還有許多進步空間！我打算今年底明年初給他出版繪畫書。

兒子一天天進步我要感激的人很多，伊甸的早療社工；醫院的復健師；特教班老師。

所以不管您信什麼教，別再迷信了，如果萬一有發展遲緩兒，接受幫助吧！伊甸有；慈濟也有輔導您如何就醫就學。信仰什麼宗教都好，甚至不信教又怎樣？要不得的是迷信！要有判斷是非的智慧。

我可以舉案齊胸的

我想我創造了許多社會流行語。或者說，因爲我這個社會產生了許多流行語。

在那段很長的其實是沒人要——現在我還是沒人要，不同的是我現在知道自己沒人要了。卻自以爲被受疼愛甚至寵愛的歲月裡，我被明褒暗貶的，因此產生了許多流行語。

大家知道說一個人很討厭是「很機車」怎麼來的嗎？我認爲由我的話引伸產生而來。那時候我情緒很緊繃敏感，有一次大概剛投一個內容充滿情緒化的稿還是怎麼記不清了。那天深夜有人騎部機車經過，大聲說了句：「小題大作！」我就馬上起身寫信告訴人家：「……有輛很討厭的機車，呼嘯而過，說什麼小題大作……」之後不久我就發現說討厭的人是機車，我想，機車、很機車……就是從我這傳開來的。

我腦神經麻痺，走路雙腿無法充分打直，又顛者腳尖，手也不太靈活，又有時要維持行走時的平衡感，雙手張開，我自己形容自己像大猩猩。但我很愛漂亮，出門就好比鄉巴佬穿大掛——必有正事。的事先上美容院洗頭、梳頭、穿上顏色鮮艷的衣服，化化粧。但身材矮胖，所以曾有人說我像某人（但未說明），後來我才知她說我像河馬，是那長睫毛、擦口紅的卡通河馬啦！後來形容五短矮胖的女生就叫河馬了。

我胖，我自己說自己腰圍像狗熊。又因爲鬧過些笑話，於是有人形容巴著人不放的人是「無尾熊」，像無尾熊巴著尤加利樹不放。

又因在那情緒緊繃敏感的歲月，我曾動不動就發飆；動不動就生氣，就有自己不肯接近我的人卻把訊息傳給媒體……。記得有一回學配音，一位劉錫華老師很雙關語的講課，說：「配音人員很傷喉嚨，前先年有些恐龍卡通片需要學恐龍吼，現在則好多了……」之類的話。

接下來，迪士尼頻道有陣子有部「恐龍家族」的卡通，其中有個恐龍妹妹的形像就跟卡通化了粧的河馬；跟梳了包頭、化了粧的我形像重疊、相近。我想當時已經有人在背地裡叫我恐龍妹。

而大概又有人把「恐龍妹」之說應用於網路上。於是恐龍妹傳開了。後來人就把醜女人、胖女人叫恐龍妹！

還有大提琴是形容當時有點胖又不太胖的身材。還有蒼蠅，是我名字諧音，我的綽號，也是在說我做過的事。

我在想那些被叫恐龍妹的女人；叫人恐龍妹的人，可知恐龍妹的由來？想想那卡通河馬小姐；恐龍妹妹，其實是很可愛的。而我呢？我長得怎樣？我借一首詩經的碩人詩的幾句形容：「……手如柔荑，膚如凝脂，領如蝤蠐，齒如瓠犀，螓首蛾眉。巧笑倩兮，美目盼兮。」

我只差沒有「碩人其頎」和家室背景而已。而我那一頭長髮那眞是稱做雲鬢。我只是胖胖的，只是不良於行而已，而我不用說化粧，只要梳洗乾淨就很好看了。當時如此，現在也還可以。

知道「舉案齊眉」的故事嗎？據說：「孟光是個長得很醜的女子，但很有美德及才能。可是因爲不美麗，少有媒人上門，終身大事就磋砣至年過三十。偶有媒人上門要她隨便嫁了，孟光不肯。但孟光知道鄰里附近有位梁鴻，很有學問、文采。常說：『除非是嫁像梁鴻這般人才。』而梁鴻聽說，也竟托媒來提親，娶了孟光。但孟光自覺不美，每次給梁鴻端茶、送飯，怕影響丈夫心情、食慾，都將托盤舉高過自己眉毛位置，不叫丈夫見自己臉。最後梁鴻果眞飛煌騰達，兩人幸福一生。」

還有一說，諸葛亮的妻子也不美，但因有才能，所以諸葛孔明娶了她。

而我，如果可以舉案的話應該可以齊胸吧！

所以恐龍妹們別傷心，也不必花百萬整容，是現代的蠢男人不識貨，沒福氣，不識金鑲玉！難怪孔明、梁鴻不再，好男人不只絕跡也絕種了。

娶我的他也是不識金鑲玉。只是我能讓０２０４的女人都靠邊站。

欠一個體諒

大約在一、兩個月前伊甸基金會的一位社工小姐開自己的車載我到敏盛醫院經國院區，復健科去做殘障鑑定，因爲我殘障手册遺失了。謝謝那位小姐！

到了醫院一樓，她大概是去停車還是去幫我掛號，我忘了。我一個人等著，看著來來往往的行人，老、少病患及家屬，忽看見一位年輕媽媽牽著一個一、兩歲的可愛弟弟急急走著，媽媽眼睛只顧往前看，拉著娃兒急急走，但大人走一步小幼兒得走兩三歲，等於小跑步，走走小娃跌倒在我面前，媽媽拉起他繼續往目地地走去。我忍不住開口說：「大人步子比較大，小孩步子比較小，帶著小孩大人走慢點，小孩才不會跌倒……」結果換來了一頓挨罵的搶白：「什麼大步、小步的？你煩不煩呀！」我沒回嘴。

我心裡想我現在是坐了輪椅，曾經我也能走過。我知道那種和正常人走一塊要跟得上的那份吃力。我也見過有人在報上寫的文章，說他媽媽有輕微的小兒麻痺，從來和媽媽一塊出門，都是媽在後面吃力的跟著，這一天，這長大的小孩走著走著突然回頭看見媽媽額頭冒汗的吃力走著，媽媽的樣子也老了！媽媽怎麼從來沒抱怨走路吃力？抱怨前面的走太快了？孩子決定停下腳步等媽媽，甚至走回頭攙扶一下媽媽。當時我看了文章很感動。也很感激兒時護送我放學過的同學，不管感情好不好，路上有無口角，每一位都會走一走停下來等等我，回頭看看我。

想著想著不久，伊甸的小姐就推我上樓看診。再下樓時，看到的小弟弟、小妹妹都是被父、母抱著走的。大概服務檯的社工也看到幼兒跌倒那一幕了，也聽到我的話了，交待幼兒最好抱著走，不吃力、不跌倒。

對幼兒、老人、殘障請有多一分體諒！

南腔北調都是中國話

S、H、E最近有一首歌叫：「中國話」時常在電視上節目與節目間播放，節奏活潑輕快，本來我並沒有特別的感覺或好惡，想說一如多年來新出唱片，總要在電視上宣傳，播上一陣子。

直到有人在一片去中國化聲中讚賞它，又有人因意識形態而批評它，我才覺得有話想說。我覺得這首歌並不是討好「中華人民共和國」中國話、中文是文化上、民族上的中國話、中文，而且國際上都在流行中文熱也是事實。而且廣義的中國話，不只是統一的國語而已，而是包括各地的方言和腔口。現在臺灣通俗到外省人也能講的閩南語，還有客語不也屬於中國話之一？

說到外國人學中國話，其實不只最近，從明末清初一直到現在，許多外國人為了傳教也學「臺語」，也就是閩南語，有些洋人說得比「本省」孩子好，現在洋人在臺，會說「國、臺」語不稀奇，愛滋味用過兩個洋人做廣告，維大力，非洲黑人一句：「你講啥？（閩南語）」說明他聽得懂嘛！」糖尿病飲品力攝氏中洋人也會「國、臺」語，黃嘉千老公，除了「國、臺」語，甚至主持到客語電臺去！

不管閩南語的漳州腔、泉州腔，甚至有人說廈門腔；客語的海風或四縣（我不確切知道寫法），不都是從明末清初先民移民傳入臺灣的？客語我不知分佈地，閩南語，像桃園、宜蘭是漳州腔；臺北和鹿港是泉州腔，而漳州、泉州、廈門的地名不都在對岸？而客家人，好像江西、湖南、廣東、福建都有客家人！要說閩南語、客語不是中國話，就好比說山東話、四川話不是中國話一般叫人不可思議！中國方言甭說每一省不同，有時僅差一縣發音與習慣用語、俗話、諺語都不同。

客語我不熟無從舉例，閩南語，其實是很文雅的，也都寫得出字來的，好比國語的隨便，閩南語則說「請裁」；娃娃、偶人則是「尪仔」尪，字典上說「尪」是巫師做法的芻偶；給人吃食心不甘情不願「提去孝孤」，「孝孤」是說孝敬孤魂野鬼；稀飯，也可以說粥，但閩南語叫：「糜」；瘋是「猏」；黑頭道士叫：「覡公」……等很多很多，我還知道一個，現在很多人把洗澡叫洗身軀，我小時候都說「洗浴」，是長大了怕人聽不懂才說洗身軀；浴室叫「浴間仔」，是長大了才知有人叫日文的風呂間（乎漏）；還有，差點忘了，覺得羞恥可不是國語的見笑，而是「見臊」是說害臊的意思。

另外在我們學到詩時，除了平仄之外，老師還說平、上、去、入四聲，平有陰平、陽平，陰平是國語第一聲，陽平是第二聲，上聲是第三聲，去聲是第四聲，而入聲則在現在國語中找不到，要到方言中找，好比客語、閩南語中的竹、屋、國……還有「洗浴」的「浴」應該也是，也難怪老師要我們念：「……青山廓外斜（ㄒㄚ）」除了押韻，就是入聲的關係吧？！可見閩語、客語才是中原音。

不過也別高興太早說自己是「正港」中原人，現在臺灣人種因通婚早混血得亂七八糟了，且早在中國大陸閩人早在歷失上早混了南越血統；貴州省的侗族吃糍粑，廣西人也吃、閩人、客人都吃，當中是否有所關聯？然而菜包，也就是客家人所說豬籠粄型狀就像北方人的餃子，據說就是餃子變化而來。不過清初怕臺灣人口過多會造反，只準單身漢移民，所以有句話：「有唐山公沒唐山媽」有許多先民都娶原住民女子，所以連九族、十族的原住民語，因血統牽連都不好說不是中國話，更何況有很多少數民族語言將失傳，好像紹族語已失傳。

現在的國語，有人說摻有胡語，其實不論南越、北胡，語言還是血統爭戰、通婚、移民早混得亂七八糟了，據說唐朝皇氏早有胡人血統。文字也一再演變，從甲骨文、金文；大、小篆；隸書、楷書、草書，一直到現在大陸的簡體字，在臺灣的我們至少看得懂漢隸。不管如何秦始皇統一了文字，而語言沒有一個統一的國語，鄰省、鄰縣都說不通，不！連隔壁都說不通，因為一家是閩南人、一家客家人、一家山東人、一家浙江人、又一家廣東人、一家原住民……亂成一團！而外國人學的是中國人統一溝通的語言文字，學的就是「中國話」，又會些方言也是額外的中國話，反正都是中國話；「橫直」攏是中國話！

有人把「反正」直接翻閩南語，我聽得快昏倒！

學著不做半瓶子

記得前不久，我曾投了一份我知道某些電視、廣播節目所提典故、所用內容的出處，的稿。事後想想自己是否太賣弄，「愛現」得太拙劣？

由此想起我在空中大學上學期的面授課時，那天有位古稀之年的同學，突然起身站立位子前大發議（異）論，從抱怨他讀空大多年，很多課程的老師都故意不讓他及格，拿到學分……說著說著他又批評起前校長；學校行政……云云。我在底下忍不住小聲說：「給他一只肥皀箱！」——因爲記得多年前曾在書中還是哪兒看到在英國吧（記不清了）！有個廣場，只要帶只肥皀箱墊著、站著，任何人都能在那廣場發表政見。

這位年長的同學批評東、批評西，接著又制約式的以批評他曾修某課程，當時那位面授老師面授不講課本內容，一直補充課外常識、教材，最後害他；故意使他不及格，貶之前那位面授老師，以捧、褒當堂的那位面授老師，使其盡量令其及格。至此，我想到兩層問題，其一，多年來我個人從不做貶低某甲個人來抬高某乙個人，以及貶低一群人來突顯某一人的事，我覺得那樣很不好，我要讚美、讚賞某人，直接誇獎，而且不帶目地及條件，那位古稀之年的同學，難道還無爲人處世理應不帶目地的領悟？其二，面授老師面授時還講課文，加深學生印象，是非常好，但說不定有些同學會認爲老師還補充些課外教材，讓學生知道多些，才是好老師呢！

那天，換了下一科，另一堂課另一位老師，這位長者同學又來了，說個沒完，說自己知道：「孔子刪詩（詩經）……」又說他是同時考上臺大和空大（當年要考），只因故沒去念臺大而來上空中大學，但空大卻判了他無期徒刑，讓他讀了近二十年還未畢業……云云。我個人認爲，不是所有上過中學，乃至於只念了國中之人，都應知道孔子刪詩、述而不作……等的常識，不是嗎？而人說腹有詩書氣自華，做爲一個人有沒有必要在沒有人問的時候賣弄自己會什麼、懂什麼；說自己是有學問、身份地位高，來往都是上流社會、名流……等。那感覺是既令人討厭又作做且無知，像「傲慢與偏見」書中依麗莎白的表哥高霖一般。除非你寫一篇文章或撰一份演講稿才需要洋洋灑灑、旁徵博引的，否則只是半瓶醋。然而即便是作文章，也沒有必要太吊書袋，否則也只是個愛賣弄的半瓶醋，從前我也曾如此，但歲月洗禮，不惑之年的我已懂得先人的四書五經、詩詞、文章的名句，就如同武俠小說中的功夫招式，最上乘的功夫就是練到所有招式都融合，看不出招式，只有行家看出在同句話中是那一招接那一招變出來的。

至於那位古稀之年的同學，及不及格、畢不畢業何不豁達些？奉旨塡辭的柳三變，撰寫聊齋誌異的蒲松齡……乃至於杏林子、張拓蕪哪一個中進士、上大學？有爲者亦若是，儘管「李杜文章在，光芒萬仗長」然而「江山代有才人出，各領風騷數百年」不是嗎？眞有本事、學問寫文章吧！還怕錐處囊中嗎？

期待你到來

我是一個結了婚的單親媽媽；我也是住樓房的乞丐；還是結了婚的出家人，除了沒長齋茹素！

我是好不容易才結婚的，但也許少了感情；彼此身體障礙，開始就無愛少歡；不簡單生下兒子，婚姻就只是掛名，不僅無愛少歡，連原本兩、三天才給一千塊的買菜錢也不給了。

我和兒子身住在五樓透天厝中，是我娘家，還有我爸爸。有房租收，但有沈重的房貸未繳完，三餐都靠樓下開料理屋的房客給的員工吃剩的剩菜，所以我說自己是住樓房的乞丐。

我有婚姻，但不僅是衿冷被寒，獨守空閨而已，我跟出家人一樣沒睡高廣大床，是睡在沒有彈簧床墊的木板床上，身上常身無分文，有也是爸給的一兩千零用錢，常一揣幾個月。

我本來就走路搖搖擺擺的、膝蓋斷後更是不能行走，這也是我沒出去工作的原因；也是信佛後卻不能吃齋茹素的原因，無力自行張羅食物，人家給什麼吃什麼；也是我比以前更胖的原因。以前還能被「笑」雪克三三搖搖搖（雪克三三是奶昔），現在……我好想有機會再被笑！最後一次量體重八十八，已很不錯了，最胖時到了九十六公斤。不是沒節制，是少動。

近幾年來，幾次想離婚總割捨不下，渴望被愛，自己不良於行，兒子自閉症……曾想自己再度能走婚姻就有望，多次求醫，不得不面對事實，曾想減肥瘦下來就好……。

尤其在照鏡子時向到原本唯一驕傲，可以不用整型的臉上法令紋已日益加深的法令紋，總令我想到古詩中「……傷彼蕙蘭花，含英揚光輝。過時而不采，將隨秋草萎……」的句子。在想到自閉症的兒子，雖不幸中大幸有不錯的口語能力，畢竟不一般，想再生，是好照看他後半生，也是一種自我實現，更不禁想起詩經「漂有梅」，不禁著急！

也想認命離了婚算了！離婚後買個電動輪椅，可以自己出門，甚至出遠門，像以前搭火車上臺北求人助我從事一直想成爲的配音員，我好想老爸有生之年能由我奉養；我還有自閉症兒子要養，好想請個外傭接送他上下學，做復健；想自己能賺錢，能買新衣服、保養品，甚至有能力幫助旁人，而不是只是名受助者……。不想坐看年華老去，甚至不想再念什麼空大，徒有案牘勞形、課業壓力，沒有收入，沒有成就感！好想大喊給我工作吧！您們誰行行好？！

此時兒子的爸爸卻生病了。起初以爲他裝病，但他從行動遲緩到不能走，到大、小便都失禁，加上他自述吃了就吐，且日益消瘦，成了皮包骨。往返住院後，證實惡性腦腫瘤，除了動手術，別無他途。手術後不幸中的大幸，復原情況好，但他說他腰腿已無力，無法蹲、跪。

或許眞有前世業障！而且還有共業，一家子腦袋瓜子都有問題。我是腦神經麻痺，然智力可以，說話卻一點問題都沒，只有手腳有問題，膝傷之前我很能走的，必要時還能小跑步，手也有問題，歲月的歷練也使我從童年作業簿上丙等字體進步到現今的樣子；兒子自閉症，也是腦子的問題，但不幸中的大幸，口語能力很不錯，智商不算太差；孩子的爸惡性腦瘤，開刀也是不幸中大幸……。

婚沒離成。我還是想再生。但孩子他爸……很可能是永久的損傷！且光陰歲月不站在我這邊。所以我決定做人工授孕！然有人說要花錢耶！可是杜秋娘不也有詩云：「勸君莫惜金鏤衣，勸君惜取少年時。花開堪折直須折，莫待無花空折枝。」有卵授孕直須授，不然「過時而不釆，將隨秋草萎」無須惜能買金鏤衣的金錢，金錢算什麼？李白不也說：「千金散去還復來」。

最近又有人告訴我兒子他爸：「腦性麻痺是染色體造成……」說這話的人是位護士，然而醫生告訴我的是：「原因不明。」我想也是，因爲腦麻患者殘障程度是輕、重不一的，不像唐氏症出來都一個樣。就長輩告訴我，我媽生我生了三天三夜，我媽還說我是七個月的早產兒。再說自閉症殘障也是輕重不一，而且大學教授、電腦工程師、中學老師、醫師……的父母照樣生下自閉兒，而且我必須承認我在懷孕二、三個月時，因忍不住膝疼買過一顆止痛藥來吃，我兒也許那時受影響。

然而那天……我才知那人不但腰腿沒法蹲跪，還陽萎。害我哭到止不住，回到家還不能吃，不能睡的哭了兩三天。後來……改事前採精冷凍，等我日子到再……。他竟然有。我問他，他說：「他燉煮壯陽中藥」想必還自我努力了一夜吧！孩子快來吧！爸、媽、哥哥須要你！（還是沒等到，且離婚了）

騙徒找上我

近些年詐騙集團昌獗。本就經常有些莫名其妙的「中獎」郵件寄來。我都很明白的，看都不看的直接扔進垃圾桶。

但騙徒手法翻新。有天接到一個要求做問卷調查的電話，我想我之前也接過各式各樣的問卷調查，有政治立場的調查；有商業、商品的調查；婚姻狀況的調查……，我就說好。這次問的是投資理財方面的問題。

以往問問卷的小姐或先生都聲音好聽、口齒伶俐清晰還國、臺語雙聲帶。這次這位先生聲音超難聽，說話超含混不清，問問題超快，大概加上緊張，叫人聽不出他在問啥。我「直覺」以為他會不會是腦性麻痺的患者，還告訴他說話慢慢講，別人才聽得清楚。最後他還說要謝我接受他問卷調查，要送我一份精美禮品，三樣選一樣，留給他姓名住址，他們會寄來。我不疑有他，因以前也有問卷調查後人家送我X芬的洗髮精、潤絲精、洗面乳試用包，就留了。

過了幾天從臺中寄來了一張請柬，還要我打一個大哥大號碼去確定要三樣禮品中的哪一樣，我打過去「確定」，她還告訴我「請柬」中沒有的聚會時間、地點，要我該週末到臺中去，我只是來確定他們答應要給小禮物是其中哪一樣，我不良於行怎可能週末晚六時到臺中參加投資說明會？我沒工作，哪來錢做投資？我假意答應去，她還留了一個（〇三）開頭的電話，要我當天趕不到可以打那電話去參加抽獎。（〇三）的區域號碼分明是桃園，怎會是臺中？我只想人家給我寄來小贈品，什麼也不想參加，就假意說會去參加，也假說電話號碼記好了。此時我還沒想到對方是詐騙集團。

過了週末，我壓根兒忘了，連小贈品的事兒也忘了。星期日晚七點多，又有一位先生打電話來問：「那天怎麼沒去？」又說：「除了那份禮物，您好像又抽中一個獎」要我次日，也就是星期一上午八點多，再打一個（〇四）多少號的電話給他，（〇四）不是新竹區域號碼嗎？怎會是臺中？我正在寫空大作業，手上有筆，就記下了電話。此時我想到的只是那份小禮物。

第二天依約打了電話。打去，也是個男的，說：「X先生在開會」要我留下電話，一會兒回電。——現在想那聲音，也許是本人，反正聲音我又不熟，故意說不在，用意在吊胃口。我電話才放下，就打來了，才說：「您好像有中了一個獎」就講：「等一下我另外接個電話，別掛斷」（又用吊胃口的招），然而我掛了，不想等，不想要贈品了。一會兒，那頭又打來，說：「您好像抽中一個獎，您等一下，我查下電腦……」接著就聽到一串按鍵聲，之後對方就演起來了：「……哈哈哈……您知道嗎？您抽到一個活動贊助商提供的三獎耶！哈哈哈……

眞是太好運，眞是沒想到，您知道嗎？是獎金耶，是港幣三十萬，哈……換成臺幣是一百三十多萬耶！哈……」我在學配音時學過怎麼用聲音做出喜悅「表情」除了笑聲，說話時嘴儘量擺成一字型。我想，現在的我一定能夠表演的比電話那頭的人好！我立刻回：「我什麼獎都不要了！連先前說好的小禮物也不要了！」那頭馬上說：「我沒聽錯吧？……」我不聽就掛了電話。他又再打來說：「您在擔心什麼嗎？……」我堅定的掛上電話。

細想他們騙人的技倆，騙要給禮物要你留下姓名地址，結果寄來的是請柬，要你參加聚會，到場領贈品，未到場，打電話也行，贈品過後寄來。事實上你到場也受騙；打電話也會受騙！見你沒放在心上，又來撩撥你的「貪心」除了小禮物，你另外又中獎了，但又不立刻告訴你是啥獎，吊你胃口，要你改天再打另外電話找他，他又不立刻「行騙」；再吊胃口，要你等他再回打；再打來又要你等一下別掛電話，又吊胃口，你想放棄掛了電話，他再打來才演起戲來。然而，我中獎又非你中獎你樂啥勁兒？先前一再「通知」我（其實吊胃口）口氣都異常平靜，最後才大演特演，按理說你眞關心我，通知我得獎時早已得知應早感染其喜悅，而不是最後才「演」。

我過後把事情告訴警察。騙徒接著又把「得獎證明」寄來，並要我交百分之十五的稅，還附「律師」的保證想取信我，正好我現在對律師印象惡劣，而且我也不信是眞律師，我把東西都交給警察了！大家要小心騙子。

塞翁失馬的精神

在我國，有一個和愚公移山同樣叫人耳熟能詳的故事——塞翁失馬。

「塞翁失馬」——塞翁他養馬，當塞翁有天走失了一匹自己所豢養的馬時，旁人無不道是項損失，只有塞翁自己不以爲然，一兩天後，走失的馬兒不但回了家，還帶了有伴兒回來，試想平凡如你我，能不以爲賺到了嗎？然而，卻不見塞翁高興！接著，塞翁的兒子因要馴服跟著家馬回家的野馬而摔斷腿，可是，也不見塞翁失意？又過些日子，邊塞發生戰爭，塞翁同村的壯丁無不被國家徵調去打仗並戰死沙場，只有塞翁之子因禍得福而存活下來。這個故事，從前我只把它當故事聽，現在則對它有更深一層感想。人生有得有失，不要老是想到失去或未盡如自己意的地方因而自怨自哎，要想到失意之處正是另一件得意事的契機也說不定。

也就是人不要太鑽牛角尖。比方，塞翁之子那種摔壞腿的情況，就得想到自己摔壞腿而免於戰死殺場；而不是想情願戰死沙場也不要摔壞腿而苟活著。

又比方，前不久到美容院去洗頭，一位洗頭的小姐看我行動不便（腦性痲痺）卻可以不用柺杖，因而告訴了我一個故事——「她」南部家鄉的鄰居有個小兒痲痺的女孩，十幾歲時原本因有一條腿情況較好，還能站立，行走，只是走來困難，然而那女孩兒有位伯父因憐惜她而訂做了兩隻柺棍幫助她行動，後來那小兒麻痺的女孩兒就再也離不開柺杖，本來還能站立的那條腿久不用也萎縮，再撐不住身體了！那洗頭小姐的一番話，勾起了我自己另一些回憶，自己兒時也因為腦性麻痺而一天到晚被父母抱著，直到五、六歲才因父母親都忙，沒空抱而被放下地來任意滾、任意爬，爬得髒兮兮，爬得灰頭土臉，而當時的自己由於手也笨，從沒人想到給我弄柺杖，所以我爬著、爬著進而自己才由攀著椅子、攀著牆……攀著任何憑障站起來了，接著開步走，三步、五步跌，十步、八步摔，當時眞是膝頭的肌膚沒一時好過，同時至今膝蓋骨還常犯毛病。然而，我站起來了；可以放手走了；不常跌跤了！想到這，記得前不久也曾和一位和我同症，卻依舊得用柺杖的小姐說過自己沒做過復健，是「自己」好成如今這樣的，現在想來這話不確實。此刻，我認爲我和「她」的差別雖同是腦性麻痺，但是因爲我在地上爬過、摔過、跌過，是這樣站起來的，而她一開始學步旁人就備好一對柺杖讓她撐著向前傾的身子，她的膝一直沒爬過，不能像我一樣有力。如果眞如我所以爲的，不曾用過柺杖，不也是一幸？可是，自從自己站起來走以後，如今我卻已經不會爬了，覺得爬起來很吃力，然而如今雙膝的疼痛，使我想到如果時光倒流，我是否願意試著站起來？是否願意再過那摔摔跌跌的日子？除了腿，我的手也不靈光。記得兒時的生字簿上的等次都是丙。可是因而長久以來從不寫草字，寫得都是一筆一劃的正楷，而近年來又因爲常寫字，如今不敢說自己字多工整，但至少都讓人能夠看得懂。而又因此我自寫得慢，使得近年來我東施效顰的寫起文章來有更多的時間推敲字句……不然我可是笨得可以。

此刻一遍遍回想起來，當初怎麼我也不會想到今天我會沒人給我根支撐的枴杖是一幸？字寫得慢有利於字斟句酌！老天爺讓我行動沒那麼方便，才使得不求長進不學好的我也接觸不到壞玩藝兒、壞人，否則以我衝動的性格和不平衡的心態，只怕成了小太妹、大姐頭、打架、吸毒、敗柳殘花、殺人、被殺……說不定早夭亡了！

由此我更深一層的想到學習是要自己去段練和體悟得來的才能深刻，才能可長可久。由旁人告知的第二手智慧，雖不至轉身便遺忘，印象也難以深刻。記得曾在一本書中看過這麼一個實驗——在一個猩猩籠子裡高高的吊根香蕉，並放進一個木製三層階梯。猩猩最初只是使勁兒的跳，想搆著香蕉，慢慢的想到利用階梯，站第一層，伸長手搆不著，再上一層，又拿不到，站上第二層也只有乾著急的叫著。上到第三層猩猩一下子就拿到香蕉，之後再給牠香蕉，牠就立即反應上到第三層去拿。由此可知不管身、心哪方面的本事，都是要經由自己的一番鍛練或努力，本事才會是自己的。所以，我不要任何「枴杖」的支撐！

今天我在此說這些話，並不是說自己有什麼了不起，把自己看得多重要，只是體認到自己從前只懂得悲嘆自己所沒有的、失去的，卻從沒想到爲因沒有或失去某方面而獲得或保有了另外的東西而高興。以及不靠外力才是對的。總之人要有塞翁失馬的精神才能活得愉快！

（寫此篇文章時還未婚，也不知將來會結婚，不能走，最後離婚）

正名；去中國化；去中正化；既不該又浪費！

在不算短的這陣子日子裡，政府採取了一連串正名、去中正化……甚至是去中國化的作為，使人感觸良深，禁不住有話不吐不快。

我生在臺灣長在臺灣，從懂事以來一直「以為」中華民國就是我們的國名，臺灣只是所在地名，不管當初創建時是在大陸，或是您對國土認知上包不包括中國大陸其他三十五行省，至少現在治理著臺灣，今年是中華民國九十六年，是從在大陸創立時算起，國旗是先烈陸浩東所創，如今陳水扁當的不就是中華民國總統？民進黨執的不就是中華民國的政？為什麼要以地理位置名稱改為國名？要與中華人民共合國有所區別？如今臺灣郵政變成中華人民共合國底下的臺灣郵政，就排在香港、澳門之後！我想機構、學校……等改名是為想一步步臺獨吧？有人說中華民國不被國際承認，那就想辦法努力叫國際承認呀，叫臺灣共合國國際就承認了？

中華民國這個國名很好呀！據家父說，當初毛澤東就後悔他沒把「國家」就叫做「中華民國」。我認爲他是扼腕讓捷足先登了吧！

而在文化上，既要去中國化，爲什麼要過中國年？我聽已過逝的婆婆說過，日據時代，日本人不讓臺灣人過農曆年，抓到要罰，臺灣人還偷著過。同時日據時代臺灣大戶人家都設私塾教子女漢文，印象中，十多時見一位七八十歲只會閩南話的阿公天天看中文報，當時心想他不是日據時代的人受日本教育的人嗎？我也聽我婆婆以客語背三字經，都是兒時家中私塾教的。（寫此篇還未離婚）

記得韓國總統朴正熙說過：「中國文化對亞洲影響如同拉丁文化之於歐洲」。韓國、日本比我們更重視儒學，韓人自小學儒學；日本小公主叫愛子，就是從孟子的：「愛人者人恆愛之，敬人者人恆敬之。」取的名。日文中有許多漢字，也許許多簡寫；韓國有自己文字，但古時都用漢字，現今好像許多人也會寫字，韓國人姓氏名字一如我們；中國周邊國家，韓國、越南、泰國都過農曆年，日本從前也過，是明治維新後才不過，但仍保留農歷，日本人過七夕和中元節不是嗎？

那麼強的中華文化，外國都還保留，臺灣如何去中國化？承認自己是中國人並不等同於中共政權，而是血緣上、文化上是中國人，記得王永慶說過：「我是臺灣人，也是中國人」蔣經國說過：「我是中國人，也是臺灣人」只是來得早、晚而已。

去中國化？有辦法農歷年、清明、端午、七月半、中秋、重陽……全不過；媽祖、關公、土地、財神、開章聖王、藥師王、黑面祖師公、三山國王、三官大帝、玉皇大帝……都不拜才叫去中國化！再者年、節、慶典、廟會……爲什麼有些活動那麼相似，甚至相同？想想「背棍」和「藝閣」，「山西大鼓」和「車鼓陣」，「秧歌」和「牛犁歌」；高蹺、旱船、蚌精、舞龍、舞獅則根本一樣！

其實我了解所謂的「本省」人觀點和思想，我看過東方白寫的浪淘沙三大册，用閩語與客語寫的，知道「臺灣人」看時代變遷和不同統治者變換的心情。但故事中邱雅信母親纏足及雅信差點也纏足情節從何而來？

又說到去中國化。二二八剛過，我問我那八十一歲老父：「二二八是怎麼一回事？」，「我也不知道」父親如此回答我。我老爸是民國三十八年來臺的，二二八是民國三十四年的事，多數外省人是三十八年才來臺的，多數外省人和本省人是沒有仇的。而相距四年的人都搞不清怎麼怎麼一回事，就算有文獻留下，怎的年代越久遠就越清楚？就算當時 蔣公有下什麼令要底下人處理一片亂烘烘的，他又沒在場，曉得執行者是怎麼執行的？在說當時獎領手下有許多兵丁，有句話說：「生得了兒身，生不了兒心」父母尚且如此，何況天高皇帝遠？何況是將領？再者：「畫虎畫皮難畫骨，知人知面不知心」同袍都未必認識另一人心性，您曉得怎執行的？還有中國經過軍伐內戰、抗戰、國共內戰，有些兵是收編過來，有些是抓兵抓來；有很多甚至目不識丁，殺伐慣了，又沒教化陶冶……。打個比方，就好像銀行經理不知望族出身的女行員會堅守自盜；教官因碩士學位未被登錄，不能升官，被迫提前退休……投書教育部長信箱，得到承辦者回覆：「╳，王〇蛋！」能怪銀行經理？怪教育部長？經理信她望族出身；部長沒親自看信，頂多只能怪人家這點「錯」。聽說二二八受難者不只本省人，也有外省人被本省人追打沒逃過被打死的。

另外，家父還說他在大陸到過不少省份，只有到了福建開始覺得福建人是排外的，再來就是臺灣。

個人認爲，因爲排外的心性使得離鄉背井的閩人還在臺還閩、客械鬥；漳、泉械鬥；甚至不同姓氏兩莊也會尋仇械鬥或有仇的某姓和某姓交待子孫不通婚，當時是械鬥打到你死我活，當時打死的如今又怎算帳？以及清末剛割給日本時，臺灣人反抗被日本人打死的帳又怎算？

其實臺灣光復時本省、外省人是相互看不慣的。一些外省兵丁除了沒受什麼教育外，還很窮，在大陸阿兵哥當時吃飯不給飯錢，坐車不給車錢，上麵店飯館吃完走人老闆自認倒楣，坐火車也是跳上就坐不買票不給錢，不只杖著一身軍服，主要薪餉也很少，當兵的根本沒錢！聽說大陸就是這樣丟的，國軍不付錢沒禮貌，共軍凡事付錢，凡見人大叔、大娘、大嬸的叫，自然民心向背立見。而國軍來臺，因窮想必衣服破舊，灰頭土臉，而臺灣人本興高采烈回歸祖國，見這光景，對祖國孺慕之情及夢想都失望和拋到九霄雲外了，加上國軍抗戰時恨死日本人了，誤認為臺灣受日統治五十年，受日本教育，已養成日本人，加上語言不通，所以二二八……。其實當時臺灣人在日據並不被當日本人，上學只上公學校，並不和日人一道上學，也受歧視，吳濁流日據回大陸也被中國人歧視，在臺也受歧視於是寫下亞細亞的孤兒一書。本省人裡外不是人！

此外，受日本教育後，光復後即便有高學歷，換成中文世界，一下也如文盲，衝擊不小，再者窮人家眞的沒上學是眞文盲，加上語言不通，外省人就有了優越感，政府中最初也都外省人佔多數，自然看不起本省人！而本省人也看不慣外省人、排外，甚至仇視。

然而不管任何族群都以自身族群自豪，有莫名優越感，像閩南語自認比客家人優秀，說客家人小氣……等，對外省人也叫「奧山仔」；對原住民叫「番仔」。和前夫結婚後也感覺到客家人為榮，說自己勤勞、節儉、「殺猛」（努力）、是正宗漢人，中原來的……同樣看不起外人，這場婚姻使我對客家人很有好感。我想原住民同樣可以以他們能歌善舞為榮；以他們編織、手工藝、甚至打獵用具為榮，好比開山刀；還有出色外貌為傲，輪廓深、高鼻、大眼……不必像顧捷、斯客花錢又受罪的去七整、八整的。而外省人老一輩則最愛提老家種植，從山水、氣候到吃食……。

最初的對立，粗分本省和外省。然而再怎麼不對盤，小孩上學從小大家上相同的小學，受相同義務教育，不像日據時期臺灣人只能讀公學校，外省人還是把臺灣人當同胞，而只要你有本事，無論你外省本省都能讀高學歷，只味能力、智力，也沒限制你科系，不像日本人只給臺人念醫科和藝術。選舉也不問你內外省，人人都可以參選，人人有投票權，所以漸漸的從議會至行政單位本省人反比外省人多，在以前一黨獨大時，行政單位，林洋港、邱創煥……不也本省人，李登輝甚至當了總統；現今貧農、佃戶之子陳水扁才能當上總統！

還記得小時候 蔣公逝世，不分本省、外省哭泣的人，瞻仰遺容的人，移靈時沿路送行、路祭的人那麼多，又算什麼？說眞話，也不必一味歌功頌德， 蔣公一生做過的事很多，把中國大陸丟了是他最大失敗，也有外省人不服他、罵他。但他老人家對臺灣——沒有他帶領對日抗戰勝利，取消不平等條約，臺灣能光復嗎？也是實話，要是沒有 蔣公、國民政府和正歸三軍撤退來臺駐守，中共早打過來了，就好比清末割讓臺灣給日本，臺灣獨立了嗎？羅福星、邱逢甲成功了嗎？沒軍隊鬥不過日軍！……還有公地放領、三七五減租、九年義務國教……以及前段說的情況，沒有前人種樹，哪有現在佃戶貧農之子當總統？人要知道飲水思源；「吃果子拜樹頭」。也許有人會說，許多政策又非 蔣公親自做的，但是在他底下的政務官、將領執行的！爲什麼德政不算在 蔣公頭上；辦壞的二二八就算他頭上？

我讀臺灣史時，明末清初鄭成功與清朝爲敵，但後來延平郡王祠是——我記得是沈保禎奏請清廷給他蓋的。因鄭成功是前朝忠臣，還趕走佔領臺灣的荷蘭人……等。清廷眞是有容乃大，準許臺灣人侍奉鄭成功！還有，現在有個逢甲大學，也是讀臺灣史，老師說邱是日據初抗日主張臺獨的要角，但最後也是捲款潛逃離臺，丟下一切爛攤子不管，讓臺灣被日人佔領。我問老師：「邱逢甲不管是站在『中國』立場；臺灣人角度都是叛徒，爲什麼還要有個逢甲大學紀念他？」，「只看他做過的事，他抗日過，不看他後來是否變節」老師如此解釋。那，如果現在中正紀念堂要拆，國姓爺祠也得拆了？！叫「中正」都得改名，逢甲大學更應改名！建時、拆時、改名時都要花錢，浪費公帑；社會成本；百姓納稅錢？

善待他人的實踐者

之前我說過我很少提及自身和家人。我更少提到我爸爸，今天就來說說我這老爸。

我爸真是一個喜歡主動付出；付出不求回報的人。比方多年前；多年來，一直對一位遠親或說忘年之交，很好！曾邀他一道上館子吃羊肉爐，勸他早日成家，替他務色、介紹小姐；勸他好好工作……我在前夫家兩年，他好像常來找飯吃，我回家住後，他更是天天來、頓頓來找飯吃，我一點也不討厭他來吃飯，我們有啥他跟著吃啥，有時我還現現手藝，但不成器的他，工作三天打漁兩天曬網，工作到處做不到一月，愛玩、愛唱卡啦ＯＫ……還想買汽車！向我爸借錢，愈期不還，還打馬虎眼，依舊來找飯吃！於是我就開口向他討債，氣罵無好話的說：「你欠債不還，還天天上債主家吃飯？！」以被他痛揍一頓；還被他以一串串「入」字加「肉」字的字眼罵；他怕我報警，還把電話扯壞，我也不甘示弱回他：「你一個女人都「入」「肉」不到，你憑什麼罵我？！我跟我丈夫都沒事兒，什麼時候輪到你？！」家父並未幫我，事後還說我鼻青臉腫是自找的！我不後悔挨頓毆打，也後來才知這傢伙借了十幾萬！如此趕走這中山狼，以此收場，值得！

我因不良於行，社工建議申請有居服員。雖然社會局付有工資鐘點費，家父對前、後兩名居服員還是格外好，她們都說自己被我老爸當女兒疼！第一位居服員，我爸給她過參茸酒，不知一或兩瓶，據她說她男友吃了砰砰叫！我也是事後聽她提起才知這回事！另外，也給過她水果……等。第二位居服員在第一位因故離職接替她的工作，家父則給她泡藥酒的藥方；我想第一位給的也未必是參茸酒，而一樣是舊鄰居給的治跌打損傷的藥酒方子泡的酒。除了給第二位居服員泡藥酒方子；我冬天前要求我爸買長袖衣服，有件在店裡買的一千二的衣服，買回家，居服員見了喜歡，拿了試穿，家父於是立刻跑去再買一件送她；她誇我家包有蝦卵的火鍋料好吃，家父也給她一小包，我又是居服員過後自己說我才知道！另外，這位居服員借過兩次五千塊……。

還有，我離婚前和前夫並不和睦，前夫開計程車出門昏倒路邊被路人報警，也是我老爸領他回桃園，住了兩次院才查出腦瘤，第一次住院因健保費前夫因病多次未繳，我爸「自費」花了三萬多醫藥費；出院又給我前夫送三餐，把屎、把尿、清理嘔吐物……照顧一兩個月！再次住院，查出病因、開刀……直到出院，都由老爸照顧。

以及一位遠親未過門的媳婦兒，姊弟兩借住在五樓，家父也給他們添做流理檯，裝抽油煙機；裝濾水器；買飲水機……。好在並不是每個人都沒良心！現在姐弟兩月給五千當房租。我爸也把她姐弟當孫疼，過年給壓歲錢。端午給粽子；有啥好吃的，也給她們……。（現在完全沒給房租了）

我對中文的認識及個人見解

最近我對現代人的說話或書寫出的語文正有些想法想說一說自己的見解，正在考慮中，要不要說呢？看到一月十日的中視新聞，決定就算被說放屁，我也要放一放！

一月十日中視新聞從一早就作一個專題：最近年關將近吃尾牙宴的人很多，但喝醉酒容易出車禍，跟臨檢警察胡鬧、不配合……等。配合著影片，記者說：「有人死不『賴』賬」……。等等，我聽錯了嗎？記者說「死不『賴』賬」！？我到中午聽，還是「死不『賴』賬！」晚上還是「死不『賴』賬」！……我想以我對中文的認識，這句話應說成「死不認賬」或「死都賴賬」、「死也賴皮」……可以有許許多多講法，就只有「死不『賴』賬」成了茅盾句。因爲承認是承認，賴皮是賴皮，是相反詞。喝醉酒被抓我想，當然一個個跟警察耍賴，不肯合作做酒測……等。「死不『賴』賬」是說一個個都爽快承認自己喝醉，合作酒測、配合被帶回做筆錄，還是一群朋友死也要認自己才是酒駕之人搶破頭去認賬？

我說身爲記者遣詞用字應是最精確的才對！我常在電視上看到新聞字幕將政治人物、市井小民的話給作精確修飾的，如果連記者也用錯遣詞，也難怪一般學生、小民作文一場糊塗，說話令人不知所云了！

另外上學期我在空大修了科：「紅樓夢賞讀」，課本上在說到「敘事觀點的轉換」舉了一段賈璉小斯興兒和尤二姐的對話以說明用興兒觀點看王熙鳳，一開頭：「尤二姐笑道：『猴兒肏的……』」，老師在講解這一段時說『肏』相當於「現代人」說的『幹』字的。其實這字曉得人事的人都知道指男女交媾那回事，可以略過的！而就我了解『肏』這個字現代人也還在用，多半用於罵人，一些外省老伯伯國罵中就常用。這種字眼在一些衛道人士是十惡不赦的，但在許多市井小民口中只是口頭禪而已，像書中連尤二姐也都會用。我個人是不說也不用這種字眼，尤其不「用」；我已多年沒性生活了，不過別人說我只聽在耳裡，不會指正。至於閩南語發音的ㄍㄢˋ字，我認爲是漢字的「姦」字，因方言再被翻過語就寫成「幹」字。其實幹除了主幹、樹幹、幹道的名詞，就是形容工作，好比說「幹活」，工作好累說「不幹了！不幹了！」工作能力強叫「能幹」還有把人做掉、殺掉就叫「幹掉」，好比大流氓叫小弟去把敵人殺了；電視界後生主持人後浪推前浪，把大哥「幹掉」自己主持；打架叫「幹架」。至於『肏』字，閩南語也用的，就是指用難聽的字眼罵人，用生殖器字眼乃至於罵人父母、祖宗十八代的罵人。不過對於很吵鬧、喧嘩，小孩哭聲；收音機開太大；練不純熟樂器吵到人；半夜做法事（喪家）……等等，都會被罵一句：『肏人耳啦！（閩南語）』。

話說至此就不由得想說，其實許多方言，好比閩南話寫成漢字其實是很典雅的。好比不爽罵人叫：「訐譙」，意思並不含有粗口、髒字。「訐譙」的國語發音是「ㄐㄧㄝˊ ㄑㄧㄠˋ」，訐ㄐㄧㄝˊ，意思是「攻擊別人的陰私」，論語上說：「惡訐以爲直」，至於譙，就是指「責罵」。像多年前曾有本書，由曹先生代筆，報上連載的「陳松勇訐譙」；還有，網路上的「訐譙龍」只要被訐的陰私是不合法、合理的，譙罵的內容不帶髒字，何妨大家來訐譙ㄐㄧㄝˊ ㄑㄧㄠˋ、訐譙ㄐㄧㄝˊ ㄑㄧㄠˋ！

最後我想到「紅樓夢賞讀」的面授老師大名叫「輝誠」自我介紹時說自己名字諧音「灰塵」，我因眼鏡度數不夠一時沒弄清楚，一直以爲老師大名是：「光輝時辰」的「輝辰」；還是「光輝的早晨」的「輝晨」哩。過後再問一次才知老師大名是「輝誠」。我很高興，因爲「輝誠」諧音「會成」，被老師教到功課一定會成，老師做啥事都「會成」功。記得有一年我拿自己八字去給一位命理師算，那先生說我八字缺水，還建議我將名改成「瀅」字，我問他算姓名比劃的姓名學，是我筆劃不吉，所以……。算命先生說不是，他說姓名筆劃的姓名學不屬於中華文化，是日本人發明來擾亂中華文化的。命名他只講求字意、諧音、五行（金木水火土）；中華文化講的是易經易數，那有什麼姓名筆劃學！所以既然老師大名諧音「會成」就介紹自己「會成」，發音標不標準是個人成長環境、背景影響，不要緊，今後千萬介紹自己「會成」千萬別化「灰塵」，萬事化灰塵就糟了，要萬事「會成」自己成就，被您教到的學生也想修學分會成，不要令我學分化灰塵！

回憶中的兩兄弟

大概眞的是年紀大了，時常回憶起童年。我的童年，你家兩兄弟佔了很大篇幅。而回憶起來，卻有如流水賬。

記憶中，我們一塊玩吹肥皂泡泡；玩牛奶罐（桶）、細塑膠管、原子筆頭做成的噴水池；一同分享彼此知道的童話故事、小笑話、小迷語；也養過蠶寶寶；一人一句的編些荒繆故事；玩刮痧、大風吹……等。

我記得，吹肥皂泡和噴水池的製作，都是當時學校社會科的作業。吹肥皂泡是說水的表面張力的改變；尤其是噴水池的製作，是在用以說明自來水場和用戶住家位置高低和水壓的關係。桶子（自來水場）愈高，原子筆頭（用戶）愈低，噴水愈高；反之噴水愈低，甚至自來水場位置低過用戶就不噴水了。

分享故事和笑話部份，我和你家哥兒倆說過「傻瓜上街學說話」；你也說過「金、銀斧頭」、「賣香屁」等的故事。以及幾乎都忘光了的小笑話、小謎語。想想，小笑話有：「大便當菜，小便當飯」；「……這是牛先生、馬經理、朱董事長、胡李女士……」，謎語部份有：「月字加月字莫做朋字猜。答案是『用』字」。……等。

除了故事、笑話，我們也分享生活常識。像在你家後院見到名爲蛇舅母的四腳蛇，另外，這部份是我錯，有很長一段時間我們把洗澡的另一說法「淋浴的『浴』」讀成了淋ㄍㄨ。現在想來有點臉紅！

我們小時候流行過幾回養蠶。還記得有一回你把一隻已養的滿大的蠶寶寶換作一個當時是稜型的鱷魚蚊香盒養，第二天卻死了。當時你一定很心疼吧？後來我們才知道蠶兒是昆蟲，蟲兒都怕蚊香的味道！

我們還一塊你一句我一句編著荒繆笑話，多半跟大小便扯不清。但有次扯得太離譜……我們鄰居有個○秀娥，她父母是再婚沒錯，但她弟弟、妹妹看也知道像爸爸，是他爸生的，可是我亂扯……現在想來，眞想找個地洞鑽進去！

對我而言，我們不只是鄰居，同班同學，你還是我的貴人、恩人。小學三、四年級時，你和另一位女同學擔任放學後護送我回家的工作，三人一道走，我那沈重欠整理的書包就成了是男孩的你沈重的負擔，這也是使你對我有怨言的地方。但對我的埋怨，只此一項，三、四年級時，我的作業簿上的成績並不如一般孩子都得甲、甲上、甲下，都是丙、丙上、丙下（沒辦法當時寫字要命的醜），你也並未嫌棄我，還常在一起寫作業。記不得是一、二、三、四哪一年級的事了，有一次你幫我用指甲剪剪指甲，是在你家後院的事，你一手拉著我手，一手剪，你臉湊的很近，小心仔細的看著，忽然一個意外，我的指甲屑彈入了你的漂亮大眼睛中，不一會兒，好像你媽媽叫你進屋去吃飯，你也並沒有告訴大人這件事，我也心虛的回家去。

印象中，小時候你眞是個軟心腸又是個心地善良的孩子。記得我們小學一、二年級的導師要轉走時，班上所有女生都哭了，男生只有一個軟心腸的你哭而已。你會幫我剪指甲，也是出於你的古道熱腸，看不過去當時常塞滿黑泥的長指甲（兒時我東扶、西爬的，大人常疏於留意我指甲長度）我可以體會你想幫我剪指甲的衝動，就好像有人看朋友臉上有化膿的青春痘，忍不住想上前去替他擠掉的感覺。回想起來，你眞的很難得，很多人會嫌棄殘障者，尤其如我這般灰頭土臉，作業簿全是大餅（丙）的人，你一直到小學五、六年級，卸下送我回家的「重」任，到了喜歡和同性別的孩子玩的年紀，我們才沒走的那麼近，但還是有來往，直到我們各自搬家。

從開頭到現在，說了那麼多，好像都沒提到令弟。其實是除了在學校上課的時間，我們在一塊所做的每一件事，你抵笛（弟弟）都在場的，吹泡泡、玩噴水池、說故事、笑話、謎語、寫功課，玩大風吹……刮痧遊戲令弟都在場、參與其間，你和你弟是焦不離孟、孟不離焦；稱不離鉈，鉈不離稱。抵笛從小跟你跟進跟出。也因爲如此，那次的刮痧遊戲，我把在場的每個小朋友的背都刮傷了，印象中除了你家兄弟倆還有○駿○驥兩兄弟，還有誰嗎？我忘了！而令弟的背是傷的最重的！這也是我回憶中的又一難爲情！後來在報上看到令弟車禍……令尊將其身上可用器官全數捐出救他人，我覺得好難過、不捨，再回想以前種種，尤其是那場刮痧，眼淚就不爭氣的要落下。

你有個弟弟，親兄弟，眞實存在過，我的印象，應比你的老婆，你的孩子要鮮明。他們是後來才出現在你生命中，對你抵笛，孩子叔叔的感覺，只是聽說或是幾張照片而已。而於我而言，卻是曾經見到、聽到、接觸到的人。我想我有生之年都不會忘記那對聲音清亮，都有對長睫毛、雙眼皮的大眼睛，弟弟有點內斜視的兄弟。

不愛訴苦、調侃自己、不提優點

是個性使然；是種種因素，我不喜歡在公開的文書、稿件提及自身情況。甚至家庭、家人！或許在二十年前……那是個錯誤，我也不是在公開的信件說，只是被惡意的公開！記得最早開始投稿時，連是男、是女都不想讓別人知道，都自稱敝人、在下、筆者……等。在還能自行出門；能到處跑的時候，我打心眼裡不認為自己殘障，從前我甚至沒有殘障手册！直到近幾年我先是右膝髕骨摔斷；開刀開壞，胻帶全切斷！左膝又是胻帶撕裂傷；關節退化；軟骨組織全磨損。並且左、右兩髕都在大腿上，不在關節窩裡。我坐了輪椅了！才承認自己殘障。為啥治不好？我有腦神經麻痺，膝伸不直！

此外，我的婚姻生活；家庭狀況，我也是近一兩年才稍提及，他們很少成為我寫作的題材、題目，或記錄的一部份，然而我還是提了！提過我前夫和唯一的自閉兒。我的婚姻在有名無實的分居狀況下度過好多年；我開刀、七八次想要腿好；打排卵針企圖再生一個正常孩子，忙了近一年；前夫長腦瘤，出錢出力的把他救回來；半年減三十公斤體重；苦口婆心勸他看泌尿科，請醫生開藥，甚至以金錢利誘想挽留……但都改變不了彼此個過個的日子情況，離婚了！兒子……也盡心盡力了，語言進步到沒問題；也多少會寫、會算；愛閱讀課外書；更熱衷繪畫！

此外我也不喜歡說自己好話、長處，說到自己，都只調侃自己走路像猩猩；加上胖，說自己是金鋼猩猩；大狗熊；名字像蒼蠅；同學、朋友要說我是雪克三三搖搖搖；像河馬；像恐龍妹……都欣然接受！

容我放肆一次的說，那是因爲我有更多的優點、長處支持我。我腦麻卻難得的口齒清晰；加上好嗓子，我可以唱鄧麗君的歌；也來蔡琴的嗓；鄭怡算啥？我還有齊豫……女聲不稀奇，這一兩年連張雨生都能上我身，有時我甚至搞不清怎樣才算是我本來的聲音！再就是下次再有人跟我通電話，不要再以爲我是大陸妹、大陸新娘了！也別把我當0204了！

另外，我臉孔清秀；皮膚白晰。

還有我讀過古今中外許多的書，不只是空大人文學系的課本而已。什麼唐詩、宋詞、元曲；甚至詩經；十詩十九首，常不經意從口中流出；中、西哲學；古典小說；世界名著……。只是我已盡量不吊書帶了！

同時，我也是個從不把自己善行，對誰、付出過什麼拿出來講的人！

為什麼不生養小孩？

大約是去年夏天左右，在報紙影劇版上，看到一位演技派的演員喜抱「狗孫子」的新聞。新聞內容還提及「事業有成」的他自己說：「……這就是決定不生孩子的好處，可以專心發展事業……」等等的話。

本人觀念比較傳統，覺得如果說：「不生孩子可以專心發展事業」那倒不如連婚都不要結，更沒有牽絆，有更多的時間做自己想做的事。而既然選擇結婚，又有幸覓得伴侶，得成眷屬，為何不生孩子？

再說，人生在世，生不帶來死不帶去的，發展出再好再大的事業，最後還不是萬般帶不走，能留給誰？最後又有誰記得？午夜夢迴，難道沒有為誰辛苦為誰忙的感覺。

也許我是因為那陣子家裡養了十三年的狗突然往生的感觸，覺得還是不要說：「養寵物，對寵物之間的愛可以取代愛孩子的感覺。」我想我家那條狗，養了十三年，我們家還並沒有把牠當人，當家中的孩子來養，牠往生後都難過好一陣子，更不敢想把狗當孩子、孫子來養的人了！我家的狗活了十三年，那位仁兄「狗孫子」會養幾年？十五年？二十年？……在面對與狗孫子分離前，只怕還得面對和狗兒子、狗女兒的道別。信佛的我雖也知世事無常，但養狗總有百分之八十的機率會走在你之前，但生養孩子則百分之八十走在您我身後。

而且養個孩子，您會在一、兩歲時聽他叫你媽媽、爸爸；養狗十年、八年牠也還是只會叫「汪汪」。小孩子會慢慢長大，男孩也好，女孩也好，您可以看著他進幼稚園、上小學、中學……甚至大學，等到他年輕健壯或青春美麗的模樣。養狗您等到的只會是條老狗，甚至……。絕對等不到前像總統陳水扁般，高高興興嫁女兒的情景，歡歡喜喜期待做「阿公」的心情！

我認爲只結婚，卻不生孩子的人，是一種只要享受，不願負責任的人。

除此號稱不婚族，只談戀愛，只和人同居的人，隨興談段戀愛，高興時在一起久一點，不高興說分就分，甚至因爲需要就隨隨便便與人發生一夜情，同結婚但不生孩子的人相同，只知享受，不負責任，之外，我也懷疑這種人的眞情愛有多少？而且表面上他們賺得享樂的一生，然而隨著年紀愈大，條件越差，發生戀情的機率就越低，落得沒人要、一場空。

而有些能生卻不生的人，我覺得只是在找藉口，印象中曾有人以從前學戲時摔傷，骨盆腔受了傷，因而不能生孩子做藉口，因而不生。我想骨盆腔受過傷，頂多只是不適合自然生產而已吧？現在醫學那麼發達，有多少下肢肢障的女人，有雙腳不能充分張開；雙腳走路用力不平均而有脊柱側彎；或雙腳連骨盆都因小兒麻痺而萎縮的人……都以剖腹產生過孩子。

再想想不孕夫婦求子的困難；想想白冰冰小姐為求繼曉燕之後的一兒半女的難處和所受的苦。

另外令我印象深刻的有，記得多年前在學編劇的短期補習班，一位老師教過一部敘述同性戀的電影中，就有演到同性戀人收養一個小孩的問題和情況。我想這不只是在電影中，在眞實世界中，不管在哪個國家，都有同性戀人正收養著或爭取收養小孩中。

不只是同性戀者，連變性人都想要養小孩。我就記得前不久報上就登過一位變性人收養一名小男嬰的新聞。

而就連出家人都要有徒子、徒孫。什麼問題都沒有的人，怎甘心後繼無人？能生為什麼不生？套句號稱二十四小時服務不打洋的廣告詞問一句：Why not ?!

我從小被叫蒼蠅；護士為何都叫她ㄇㄟˋㄇㄟ˙？

在看過楊美美小姐和張瓊瑤小姐有關自己芳名的大作後，我不禁想聊聊自己名字之糗和曾遇到的一位妹妹ㄇㄟˋㄇㄟ˙。

打從懂事以來，我一直被自己名字困擾著，我單名一個穎字，我可是在林志穎出名前，不！林志穎出生前就存在，而我姓張，叫張穎，打從幼稚園起就被取了個蒼蠅的綽號，已經夠叫我困擾了，又出來個隔空抓藥的張穎，可出名了，可是出了個爛名！

不過沒想到還有人名字叫來比我偕音蒼蠅更怪。然而人家可是不論出不出名，都是個美名，還是個「小」名。

在我那寶貝兒子出生時，和我同病房的另一位媽媽，護士小姐都一直喊她ㄇㄟˋㄇㄟ˙，她姓鄧，護士小姐都叫她鄧ㄇㄟˋㄇㄟ˙，一會兒：「鄧ㄇㄟˋㄇㄟ˙，量體溫嘍！」一下子又：「鄧ㄇㄟˋㄇㄟ˙，你肚子要多按摩，按摩到摸到變硬再休息，這樣子宮收縮較快。」；「鄧ㄇㄟˋㄇㄟ˙……」，「鄧

ㄇㄟˊㄇㄟˊ……」；「鄧ㄇㄟˊㄇㄟˊ……」我心想這位媽媽跟護士小姐大概是舊識，跟護士小姐交情還眞好，人家都暱稱她ㄇㄟˊㄇㄟˊ。不對呀！護士交班後，另外的護士還是叫她ㄇㄟˊㄇㄟˊ，每位護士都叫她鄧ㄇㄟˊㄇㄟˊ？

而且她怎麼看都已是中年婦人，她說她大兒子都足十五歲了才又生這小兒子，問她她也說實話，她「四十三」了。

怎麼回事？原來她眞的叫「鄧美梅」。

鄧美梅還說有一回她同事帶著女兒到辦公室，一會叫：「ㄇㄟˊㄇㄟˊ不要亂跑，小心跌倒！」一下又：「ㄇㄟˊㄇㄟˊ坐好。」她還以爲是在叫他咧，一看才知眞有個小妹妹。

我們還一塊說笑她眞好，可以一直到老，七十歲、八十歲……一百歲都被叫ㄇㄟˊㄇㄟˊ。

試想有一天一家醫院，門診護士一喊：「╳╳號，鄧ㄇㄟˊㄇㄟˊ可以進來嘍！」她一答：「來嘍！」衆人目光投向的是一位七、八十歲的老太太，一步步，步履蹣跚的走向門診間，會有多少人頭上都出現問號！

前不久我還遇到她，她還主動打招呼。眞是個好ㄇㄟˊㄇㄟˊ！

多聽老人言

在人生的道路上，比我們年長的人總是生活經驗比我們多。也許長輩們學歷比晚輩低，甚至是沒念過書，但在漫長歲月中，總會經歷些我們不曾經歷過的，甚至他們聽說的故事、俗語、歇後語……很有趣，且包含了許多處世道理。

比方，記得剛結婚，婆婆還健在，她就告訴我一些故事，其中一則：「婆婆年輕時，鄰居有一個小媳婦連生了三次一個兔唇小女嬰的故事：『小媳婦頭胎生了一個兔唇女嬰，婆婆不準她給孩子綁臍帶、餵奶，讓女嬰自生自滅；第二胎又相同情況，還是沒留活口；後懂得的人知道後告訴：她就是註定跟你出世，你們卻不讓她活下來，她可會一再來投胎。果然，不久第三胎還是這樣子，於是將女嬰養活下來，稍長，做了修補手術。自養活兔唇女嬰之後，這家人又生下三、四個健全男孩……』。」影響我很深。

後來我懷孕生下兒子……。我就想他是「註定隊我出世」的，我不願想他是什麼債主，想也許前世我們有著某種緣份。還好我婆婆不在了。

雖然我不是婆婆中意的媳婦。但還是聽婆婆不只一次以「青瞑貓好嚇鼠，跛腳尪好做主」

勸她兒子「總比沒有的好。」

另外，家父也會告訴我許多故事，和一些像座右銘的話。

好比土地公（或土地爺）之所以成爲土地神是因爲身在公門利用職務之便積德行善的原因。

還有我尙未對外說過的「好後母」的故事，也是家父告訴我的故事之一。歷史上除了黃巢殺人八百萬外，還有張獻忠屠殺四川人的故事。張獻忠帶著部下進入四川是見人就殺，因爲四川人當年欺負了張獻忠的父親（限篇幅不細說）所以他認爲四川人最壞了，都該殺。張獻忠一路殺，沿路無論城市、村落的人當然一路逃難，有一天張憲忠見一少婦在前面逃，但她把一個兩、三歲的孩子牽著，背上背著的是一個五、六歲的孩子，張獻忠追上前問少婦爲什麼？少婦回答大一點的孩子是丈夫前妻生的，年紀小的是自己生的，沒娘的孩子要對他更好些。張獻忠說：「我以爲四川都沒好人了，沒想到還有你這麼好的女人。好！我不殺你，你儘管帶著孩子回家去，然後在門口插上柳枝爲記號，我們經過一看就知道是你家，不會傷害你。」於是少婦帶著孩子回到自己村子，除了自家門口插柳枝，還告訴街坊鄰居這麼做就不會被殺。於是救了不少人。後來張獻忠幾乎殺光四川人，再從雲南抓了許多移民到四川，不過這是後話，就不細說。

故事中這位好後母不自私的態度，不但救了自己和孩子，還另外救了整村的人。

家父還有許多至理銘言。老人家最喜歡一句據說是魯訊所作的對子：「橫眉冷對千夫指，伏首甘爲孺子牛」大概最合他老人家的心境吧，尤其是後一句，我不良於行，孩子的爸也難負什麼責，許多事都得依賴我老爸，尤其自閉症的我兒，來往各醫院的復健課，都由我爸帶來帶去的！但願老人家這般的「孺子牛」做得能有代價。

還有，人生在世可以說家家有本難唸的經，甚至是人人有本難唸的經。每個人都會有自憐自艾的時候，然而也常會在生活週遭碰見或媒體報導中看到別人更悲慘的人生，最近我又從老爸口中聽說：「常懷胸中春意滿，需知世上苦人多」，自己苦的時候想想這句話，也許會好過些，見別人苦，能多有善心、善行。

也許是我前世欠你的

自從那日我雞婆的代家父向閣下要債，而挨閣下兩頓揍——閣下扯斷電話前和扯斷電話後。之後，我一直認為自己沒有錯，也以為挨揍的債不討了，任由閣下來世自受果報便是了，便已經沒有憎恨心了。

其實我錯了。今天無意之中在電視上看到一名不知名的法師講了一則因緣果報的故事，中間他停下來說：「一切都是前世因，今世果，因你前世欠人家的，所以人家才找你報仇。好比鐵不著火，柴能著火，你被火點著了，不能怨怪火，要怪怪你自己生就是柴……」我看到這我就把電視關了，也不知那師父法號。因為我要反省閣下為什麼揍我而不去揍別人？大概是我欠你的，加上今世我開口代父問你要債的這一個因，引發了閣下討回了前世債。同時我也要為罵你不要臉道歉。是啦，是業障深重的我前世欠你的，要不業障重，何以我今生不良於行。

至於閣下用粗話罵我的事，你是男人嘛！你比我有福報，是帶「傢伙」的男人，你有「傢伙」我沒有，尤其你中饋尤虛，平時用不到，這時候不拿到嘴上用，更待何時？而這或許也是我前世欠你的。多年前我也被很多人用這類的字眼罵過，而閣下沒罵到，現在你也罵了，我就當它是在消業障。

身爲三寶弟子，我該凡事想是我前世欠人家的，自己業障深重，如此嗔恨心才不會往識田裡去，而對來世乃至今生的未來產生不好的果報。說過這些話，我希望別有嗔恨心留在識田裡。從此以後我識田之中之裝聖賢書，知識、學問和佛學的正知正見。

為什麼不自己吃糖果就好？……等。

最近常在想一件事，說出來大家或許覺得我很無聊。有一個故事，從小到大，大人們說的；童話故事中有的；卡通片也有……。聽過、看過許多版本，故事大同小異，那就是「糖果屋」。

我不知道別人有沒有想過，「糖果屋」中的巫婆擁有許多足以建築成房屋的糖果、蛋糕、巧克力……，爲什麼巫婆自己吃這些甜食就好了，而要吃小孩子？

就算天天吃糖吃膩了，也可以拿糖跟別人換別的東西吃，連想吃肉，也可以換肉吃，且禽畜那麼多種，吃什麼肉不好一定吃人的小孩肉？

再深入想，巫婆做糖果、蛋糕……等的東西，一定要材料，可見巫婆買得起這些材料；還有，要把漢斯養肥，也是要買或找這些東西來養，既然買得起、找得到一切物資，直接以這一切養活自己就好，何必做糖果誘抓兒童，又煮肉煮菜的養肥小孩再吃？

難道故事中的巫婆，跟中國某些故事中一樣相信如唐僧肉吃了會長生不老；吃童男、童女會延年益壽，青春永駐？

或許巫婆的行徑是在說明人往往都忘記了自己身旁、眼前擁有的，而追逐遠方的，像有句話說：「人往往忘記自家園中的玫瑰，而追逐天邊的彩虹」吧！

也許故事只在告誡小孩不要太愛吃糖；不要吃陌生人的東西。

也許故事重點是在表現手、足之間的友愛和兩兄妹遇困難的機智。

想不通的一點，爲什麼許多的童話，都有個壞後母？灰姑娘、白雪公主、糖果屋……都是。後母一定是壞人？一家千方百計要害丈夫前妻、先妻生的小孩於死地？雖然我不是後母，但後母和我一樣也是人，我就從來沒想過要害某個人死過，難道後母不是人？

也許跟小孩說故事的都是媽媽，媽媽的潛意識中都想鞏固自己在小孩心目中的地位。也許某個媽媽正恨著丈夫在外面的狐狸精，所以把另一個女人說得越壞越好！

後母也有好人，我老爸那個年代就有，以後有機會再說。

我倒覺得，許多童話故事中的男人表現的都太重色輕仁或說重色輕愛。灰姑娘的爸爸坐看自己的再婚妻子把灰姑娘當小女傭使喚而不管，忘記了做父親應給的慈愛，只管自己好不容易再得的婚姻或說兩性歡愉；糖果屋中漢斯兄妹的老爸也是！怎不說我有好孩子跟我吃好，有歹孩子跟我吃歹。眞若養不起，送給生活好過的人家，丟在森林中不餓死也會被虎狼吃掉唉！怎可等孩子的後母受不了苦日子跑了才張開雙臂擁抱已經受盡千辛萬苦的兒女？

像這樣重色輕愛的例子在我們世上例子有太多。像小孩被父親、母親的同居人虐待、毒打……像前兩年有名女子兩名兒子姓駱吧？就都被同居人先後打死；還有美國一名年輕母親爲了讓自己能再嫁、再交男朋友，把自己兩個兒子綁在轎車，和轎車一起沈入水底，謊稱孩子被歹徒連人帶車一起開走！

我覺得不管後母、繼父有沒有人性，主要是自己的親父母有沒有人性，慈不慈愛才最重要！

「情」字二、三事

有句耳熟能詳的話：「問世間情爲何物，直叫人生死相許」，什麼叫「感情」我終於知道所以然。

離婚後想找個伴陪伴還不算老的自己度餘生。一回一位先生來電，也才四十多歲，我問他是離婚？是喪偶？未婚？他回說：「喪偶五、六年了。」再問他爲什麼不早幾年，現在才想再找伴？他則說：「因爲老婆剛死時，想到還很愛她……」我了解他的感覺，前夫明明不愛我，有名無實多年，我依然用做人工受孕；曾爲他減肥三十公斤……等方式想挽回過！我和那位打電話的人後來聊些什麼我已忘了，他也沒出現過！

由於我行動不太方便，伊甸小姐爲我申請居家護理，曾有位護理員，四十九歲，喪偶幾年，又交了一六十五歲男友，常跟我提「他」小氣，給的錢不多——一月一萬，多的要不到。還說他開刀（攝護腺）開壞了，性無能。要不是要人家幾個錢……總之吵吵鬧鬧，也常找我訴苦，說她想另找他人；找先前男友……。

有一回這護理員高高興興和男友去男友嫁高雄的女兒家玩，買了當地好吃的花枝丸，回來，端午拿出來吃，吃剩三個，這護理員想都吃，叫男友吃桌上其他東西，花枝丸給她吃。居家看護跟我說，那男的說：「以前我老婆都不會跟我搶東西吃！」就自己吃掉了。

我想到在多年前電視劇中學到的一句話：「永遠不要想改變男人前一個女人所養成的習慣，不管是媽媽或前妻養成的習慣……」還想到那男的前妻是眞的愛著他，所以讓著他，而他說：「以前我老婆都不會跟我搶東西吃」時，心裡是念著亡妻的好的。而我那居家護理員，則只想要得到利益、得到人家的付出——疼愛、性生活、煮三餐、洗衣物、金錢……。偏男的大男人不讓步：性功能力不從心，金錢只能付那麼些，多的沒有！

那男的懷念亡妻是因爲他亡妻對他不求回報的付出，所以他感念在心，也產生了感情。我不禁想曾在書上看到：「人生就像在照鏡子，你得先對人笑，人家才會對你笑」這句話。所以爲人要多爲別人付出，別人才會感念你，甚至回饋你。凡事都是，記得有一故事：「一媳婦老怨婆婆待她不好，於是起了惡心，找一郎中問有啥慢性毒藥，藥死惡婆婆，不被人發現？郎中於是給著媳婦一包白色藥粉，告訴她把這白色粉沫和一些擱麵粉裡烙成餅給婆婆吃，粉用完了婆婆就會死了！這媳婦拿回這一大包白粉回家就當天如此和一餅子，假意孝敬婆婆，婆婆高興吃了，一點事也沒；第二天媳婦和麵就多放些白粉，婆婆吃了還是沒事，只是因媳婦天天弄點心孝敬婆婆又都特別恭敬，婆婆也一天天更和氣待媳婦，等媳婦白糖粉用完，婆婆沒死，媳婦也不想要婆婆死，直擔心這婆婆吃這三、五、七天毒麵餅是否不良影響？跑去問那郎中，郎中才告訴她，給她的是包白糖粉！媳婦這才明白過來，回家依舊每天做甜麵餅或其他點心給婆婆，主要是態度依舊恭敬，婆婆也就一天天疼愛媳婦，逢人對自己媳婦是誇了又誇……」就像王陽明的心學主張：「爲人臣子忠不忠心；爲人子孝不孝……一切反問自心，而非心外的君王、父母……一切的人、事、物」做人要問自己對別人盡心了沒，而非要求別人如何對你，要求別人所做所爲。

至於那位居家護理員，後來和男友分手，離職回中壢去了！這世上有人被死後感念，有人卻被生前別離！

人是會產生感情的生物，但無論別人待我們如何，何妨我們先付出，先待人好。記住「先對鏡子笑，才能被回報以笑容」。

我們不是被趕走的，且一定會回歸正常

都是一些不了解的人，在那加油添醋的胡說！

我兒子是有「活潑型的自閉症」，但他在學校沒有打遍全班……更沒有大、小便都不能自理！

先說大、小便的問題，他在一歲多時脫了尿布後，他小便一定掏出來，只是沒有學會一定到廁所；從小大便，一定坐小馬桶，從上幼稚園起，每天一早一定上完大號才去上學，除非他拉肚子，否則不會大在褲子上，而鬧肚子，我想大人也有過來不及的時候。

原本他在幼稚園時，老師已教會他到廁所尿尿，上了小學也許環境不熟、地方大，玩溜滑梯，也許眞的尿急了，也有點惡作劇的成份，他就站在溜滑梯上撒尿，嚇得底下經過的小朋友逃的逃、避的避。至於上課了還不願進教室？他畢竟不是其他正常小朋友，他認爲他沒玩夠吧！

至於打全班那更不是事實，他現在的級任老師，因上述情況，就派一位同學下課跟著他，那同學很乖就跟著他，從此老師說：「某某某你帶某某某去上廁所。」那同學牽他，我兒子也就跟著他走。我兒子這樣的孩子，心眼很直的，他就認那位同學，就好比只認級任老師的話才聽，別的老師話不聽。

他會打人我想一定有原因，只是他說不清而已。剛上幼稚園時他也有會拍其他小朋友頭的習慣，只桃療的一位復健老師把他「整治」得不敢打人，另外有一次也是在敏盛闖了不記得什麼禍，一位男治療時就把他按壓在地上，直到他快哭出來爲止，當時他還沒吃抗燥動的藥，就已不敢再打人了。

被按在地那次對我兒影響很大，直到前不久電視電影臺播「瘦身男女」有個鏡頭，還是胖子的鄭秀雯被幾個大男人按在床上時，是嚇得又哭又叫。

至於桃療的治療師是怎麼把他「整治」得不敢打人的不傳之密，最近才由伊甸的社工透露出來——把他小手臂（前臂吧）以兩手抓著，像擰毛巾般一手向內轉，一手向外轉的擰轉。要早透露這招，在他在小學首次打人時，不問誰是誰非，就可如此「整治」他，也不會有第二個「受害者」了！

至於撞人？他目前身高一百三十公分，體重四十五公斤，一下課就橫衝直撞的，慢說一、二年級的小小孩，就是五、六年級也會被「A一下翹翹倒（臺語）」，最主要的是他撞倒了一位肢障的小朋友，是比較嚴重的。家長和那孩子一定很氣，因我本身也是肢障，我小時候也被一位姓葉的同學欺負，那同學還「品學兼優」呢！我兒則心智障礙！然而不管怎麼說，心智障礙者是比較受排擠的，我當年的冤就無處訴，不受重視，如今我兒並不是故意的就不行就是不行。若眞要告，我一定賠。

我兒不知是打了幾次人？撞倒過幾人？也許小孩回家「投」，本身家長說，其他家長聽說也問，結果你一句、我一句，也許有人說：「他中度智障？我看搞不好重度的！」；「聽說他打人？打遍全班？不，全校吧？！」；「他在溜滑梯上灑尿？」；「搞不好還會大便在褲子上呢？！」；「眞是大小便都不能自理！」……我不知道，也許在幼稚園，全班在他受「整治」前都被拍過頭；幼稚園時拉過一次肚子……是有的。但人們把他先前和之後的事都加油添醋、道聽塗說。

爲什麼沒人說他會什麼、懂什麼，到什麼程度……。他認得所有生活用品；認得多數動物；多種昆蟲；樹木、花草；會畫畫；會唱遊；幼稚園課本中多數童謠（會念不識字）會仿說大多數的話（懂意思才能仿）；也會主動說話；最近還進步到會簡單問答，不一味仿說了……

在此我要感謝報上一篇文章，說她當保母時帶過一個輕度智障兒，她教他認色彩……什麼的，只比她自己孩子差一點點。之後不出半學期，我兒就認得色彩名稱了！

早在他剛到敏盛復健時，有位治療師發現他認得所有日用品，就說他很聰明，將來一定能認字！

說什麼打全班，事實上老師找一位同學牽他上廁所。說他撞人，事實上現在下課，其他小朋友曉得不跑在他前面，會被他撞倒，甚至打到，而是跑在他後面，跟著跑著玩，就好比西班牙奔牛節，跑在蠻牛後面就不會被牛抵傷。而也有下課就把他關進資源教事一說，可見打人、撞人不是不能避免。

這次事件多少被誇張了；多少被設計了，事實上包括伊甸的社工，在幼稚園就主張上特教幼稚園了。我決定轉學，不是因爲被逼走、被趕走的，而是覺得或許特教除了生活規範外，也許能教會他寫字和算數。

不過我不願他將完全跟正常小孩隔離，因爲他就是幼稚園跟正常小孩在一塊，才除了仿說外，還學會主動說話及表達。比方有人拿了他東西，他會說：「還給我、還給我……」甚至「還給我，那個是我的！」；他爸有次載他上幼稚園，故意轉別的路，他說：「不對、不對……亂七八糟、亂七八糟……」總之他和其他小孩學會何種情境說何種話，甚至看電視時，柯南進入一暗門沒再出現，他整集都叫：「柯南不見了！柯南不見了！……」更會主動組合他會的詞句做表達，有時說的很好，有時名詞、動詞、形容詞顚倒，告訴他正確說法，他會再說一次。

伸請轉校的表格，拿到時被人主動填上「重」度，我又糾正回「中」度，重重的在「重」字上填上「中」字；我兒現服抗燥動的藥，也被填「抗癲癇」！是何居心？什麼意思？趕人、詛咒人也不要這樣！

我兒子在我感覺他和一個未上過學的孩子，乃至於文盲的大人差不了多少，他是輕度自閉！之所以之前拿重度，如今還拿中度殘障手冊，大概只為方便領一月三千的補助金罷了。在我各人情願他轉拿輕度，甚至取消殘障資格不拿補助金。我兒還小，只能說他發展遲緩，最初就醫時就說到十八歲止，每年鑑定一次直到十八歲，當中有進步就換手冊，完全趕上一般小孩時就取消殘障手冊，我有信心他會回歸正常教育體系。

那天我很難為情

連中斷的好幾年算上，我一個空中大學文學系的文憑十五年才得到，而且是最近這四、五年才上勁兒的讀成的。

接到通知，要九十五學年度上學期應屆畢業的桃園縣同學上星期六到桃園縣工業會，開桃園地區畢業生聯誼會，當天以茶會進行。

我那天真的好難爲情！首先我不敢說我自己讀了幾年，事實上我也沒算我讀了幾年，我是今天才算出是十五年，那天有位同學在跟校長拍合照時告訴校長她讀了九年才畢業，我不敢出聲，心想「我更久，讀了幾年……沒算過！」

再來，在師長介紹及致詞時，就我一個人坐著輪椅待在講臺邊，不像其他同學坐在臺下座位上。

還有那天我那發展遲緩，多重障礙的——自閉、過動、情緒起伏大且誇張，以致於發展及學習遲緩。那天假日他沒吃藥，他沒吃藥就躁動！那天校長、教務長……等在致詞時，我兒子在那進進出出，後門穿前門的！當天有位賴學長（年紀並不長，看來比我年少，只是先畢業）是位中學老師，當天一直幫大家拍照，我兒子在一旁一直插嘴說：「叔叔你好厲害喔！叔叔你好厲害喔！……」我好擔心我兒子突然發脾氣，說出不得體的話來！

另外，家父過後才告訴我，我兒子把當天人家準備的茶點、水果一直吃一直吃，把人家吃光光！這是他另一毛病，沒吃藥的他可以一直吃一直吃，我想當天一定有很多人沒吃到茶點，想來眞難爲情！

還好那天我兒子因有得吃，心情滿好，沒亂發脾氣！

然而師長致詞完，我在向教務長陳松伯博士請教再修另一學系和空大設研究所在何時時，家父過來，我介紹後，家父向教務長身後指……那時主任和校長站得很近，主任說：「這位是校長……」家父卻指向更遠處我那傻兒子說：「不……我是說那個是她兒子！」我當時好難爲情，我爸告訴人家這個幹什麼？！教務長跟我說話可是移尊降貴耶！

明眼人都看得出我兒子有問題或怪怪的。我是曾說過我兒子是小彌勒。那是因爲外型，他的外型胖大，像六朝的布袋和尚。而正信的佛教彌勒是彌勒菩薩，也就是未來佛，也就是密宗的強巴佛。然而以佛教的說法云云衆生，都是來世間修行的菩薩，不是廟堂供桌上的才是菩薩。衆多衆多的菩薩中誰會成爲未來佛？有可能就是你，也可能是他……怎見得將來不會是我兒子？我兒子現在當然不是佛，要成佛也不是這一世，累世因果使他這一世賽跑跑輸了，發展比一般孩子遲緩，甚至智商比一般同齡孩子低，但一直進步中，一直要到十八歲才能確定他的智商比一般正常人差多少，他現在已會寫、會算、會注音拼音、會畫畫……所謂轉識成智，這一世所學的，轉入來世他就趕上了，如果這一世他能在做點積德行善的事，來世更無可限量！

這一世不管跑贏的跑輸的都要相互扶持，跑輸的要迎頭趕上，跑贏的更不希望輸在來世！如此，我說我兒是小彌勒就不難爲情了！

一段難忘的日子

有些男生最難忘的日子是當兵的日子。我也有最難忘的一段日子，也是我最快樂的一段日子，那就是在臺視文化訓練班上編劇班的日子。

在那半年的時間裡，上課除了告訴我們一些編劇的理論和手法，像五W啦、什麼是蒙太奇……等就是可以有電影可看，那是令人最快樂的，印象中看過的電影有，「睡人」、「第六感生死戀」、「致命的吸引力」、「風雲人物」……還有忘記名字的日本片，還有達斯汀霍夫曼主演的「窈窕淑男」……等。在編劇班上課的日子，也許有些人覺得學不到東西、無聊，所以上課有一搭沒一搭愛去不去的，甚至上到一半再也不出現了。但對我而言是新奇、好玩的，之前不良於行的我很少看電影，尤其是外語片，而那半年，我隔天就上一次課，隔天就可以看一部經典的外語片。在此之前我的生活也是保守閉塞的，在上編劇課看的電影中我才看見過演員彼此間擺出一些性愛姿式、裸露演出等。像「致命的吸引力」男女主角有在廚房洗碗檯；男、女主角在電梯中擺出口交姿態；女主角全裸拉著條被單的演出……。不少戲都多少有……反正之前我都沒見過。看「窈窕淑男」時，達斯汀霍夫曼學女人走路的樣子和舉止，令我看得呵呵笑，卻有同學卻打起瞌睡來，當時我年紀還不到三十歲，才二十七、八，十多年後我才明白體力和年紀是有關係的，當時那同學大我十多歲，已經晚上九點、十點了，能不瞌睡嗎？

對看電影的回憶和點滴有太多，非一時敘述得完的。

覺得上編劇班快樂、不無聊且有學到東西的原因，是我一直都在動手寫，一直都在編劇本。雖然我多數在利用宋、明時期的話本，乃至於聊齋誌異中的現成故事。即便如此，現成的故事又也還是有很多對白、情節可增減、改變，當時的「中國民間故事」還不是在這麼做，利用現成故事，只是人家是一整個製作群，也許兩、三個編劇或更多一起腦力激盪；還有「孫叔叔說故事」以及一些古裝劇不也是一樣，而我單絲獨線，現成故事，太沒創意了！其實時至今日，要我自己編一個全新故事；時裝劇本，已早行了，只是我太忙了。現在又比幾年前更好。

之所以有人覺得學不到東西半路退出不上了或愛來不來的，是因爲他們都不動手作。套用西方知識論的一個觀念來說是「沒人教任何人任何知識」；中國有所謂「斲輪老手」造車時車輪要如何打造？如何裝上？要自己動手去體會；禪宗的開悟也要自行去參悟，師父不能告訴你，師父悟到的是自己悟的，難以言傳。凡事老師怎麼教你，自己怎麼看書，再怎麼子曰、佛云、上帝說……都只是「聖賢的糟粕」。何況只是「老師說」。

那段日子快樂的最大原因，我想是因為同學都不認識我，待我都很平常心。那時候我還常寫信給我一位國中同學，我想信件不是被攔劫了，就是被公開了，內容不過是些舒發情緒的一些情緒化言語。但我出門上課都平平靜靜的，我也平平靜靜的，我感覺得出盧非易老師知道我寫了一些什麼，但……。對了，當時給我們上課的有很多名師，課排最多的就是盧非易、和蔡康永老師，前半段課幾乎是盧非易老師，後半段幾乎都蔡老師。盧非易老師大概也知道人在獨處的時候，自己一個人待在房裡的時候是一種情緒，出了門、見了人群……等，又不同了。那段時間沒人對我多刻意做什麼、說什麼。在訓練班上班的關、郭、劉幾位小姐我感覺得出，在我上課期間是有刻意冷淡我，有時我問啥說啥裝沒聽到。同學對我很自然，會跟我聊這、說那，但不刻意，也不冷淡，所以日子算很快樂，快樂得結業時我還向老師說：「真不想離開，好想繼續再上課。」老師說：「沒有必要把歲月一直浪費在這呀！」

反觀後來我又去學配音班。有一回跟老師聊到香港配音員有人把：「怒不可遏」說成：「怒不可ㄐㄝˊ」……。第二天就有同學跑來說什麼：「佛教有一種詩叫ㄜ語，你知不知道？ㄜ語？我還日語、英文哩！她還寫給我看：「遏語」拜託！大姊，那叫「偈ㄐㄧˋ語」賣弄的也過頭了！一寫信說些什麼，就被猜惹我不高興了（我都不願指名道姓），讓那人聲音啞啞的出現在第二天：我生日前夕跑來問我桃園怎麼去？說：「我有一朋友生日，我要去給她過生日……」跟我秀「夾的假耳環、胸針……」等小飾品，年輕時買不少，但我並不愛那些也很少帶。還有、還有結業後還有同學打電話跟我煲幾個鐘頭話粥！我喜歡廣播、配音工作，但一點也不愛煲話粥，後來我才知他錄音……，神經病！

剛結束編劇班有好一陣子我經常見到盧非易老師在報紙上發表文章。其實看到自己認識的人的文章，是覺得很不好意思看的，也許大概瞄一瞄，要不，翻別張報紙看。又不久，我又老是在電視看到蔡康永老師出現在電視上，剛開始是當評審什麼的，後來主持起一些節目來了，我都會看一下就敢快轉臺，有點不好意思。我也說不上來，年節我還是會想給他們寄卡片，但卻不好意思見到他們！後來更有一次臺視又招訓練班學生，我見到蔡康永老師雙眼通紅，淚水含滿眼眶，帶著哭腔……。這是怎麼回事？我好不安、難過，更不敢看到蔡老師了！

印象中，給我們上編劇課的蔡老師總是酷酷的，帶點距離感。我習慣於老師的酷和距離感。突然……我好難過！是怎麼把人家搞這樣的？挨打了？胡椒粉？……把自己不爲人知的傷心事拿出來說了？不要！我不要這樣的蔡康永老師！他會恨我、討厭我吧？！不要！我不要做那麼多人的討厭鬼。我甚至希望他對我不爽可以在心裡咒罵我、辱罵我！

很久很久的後來，我知道了蔡老師和我一樣是喜歡男生的。我變得敢看他主持的節目了，從頭看到完。後來又和他的親蜜愛人是一位劉先生，眞的很替他高興！在我心裡，他已經結婚了。老師另一半是劉先生，我彷彿又看到一項前世印記。給我上編劇課不也是我人生中的擺度人！

不只是食物問題，而是感情問題

星期六到中央大學考空大暑修的考試。在考完要回家時，看見一隻中大型犬，看得出牠是名種犬，但我不是專家一時忘了犬種名，看牠皮包骨，土黃色毛皮的背上有塊癩子，神情落沒，步子緩慢零亂，看出牠是隻被人棄養的，一時感觸良多，正有話想說，不想卻在今天看到一篇非常不以爲然的文章！什麼「流浪狗千萬不要餵食」的論調？什麼「小黑狗自己會去抓吳郭魚吃」？這故事編得也太扯了！

從小到大聽的故事裡，乃至報章新聞的眞實故事，都是：「忠犬在碼頭上天天等主人一起回家，有天主人發生船難死了，再也沒回來，狗兒還是天天在碼頭等，不吃、不喝，也不理旁人，直到狗兒餓死；或某人養了一隻狗，狗主人死了，被埋葬了，狗兒還天天待在墳前不離不棄，直到餓死……等等」故事。另外一提自家親身故事，之前我家也養了一條小母狗，結紮了養著，跟人出門，人回來了狗沒到家的搞丟了三次，第一次，三天後牠喘吁吁的到家了，進門之後見到家中每一成員都搖頭擺尾，趕緊先弄水給牠喝；第二次丟了一星期，牠也能找到路回家，更端之外，見「家人」除搖頭擺尾、蹦跳之外還發出嗚嗚的興奮之聲；第三次，等了十幾天都不見狗影，想說小白不會再回來了；不想牠又喘之又喘的回來了，嗚嗚的嗚聲換成了聲嘶力竭的「哈哈哈……」，可是依然見人搖頭擺尾……每次回家都讓牠飽了水，不喘了休息夠了再吃頓飽，直到牠十三歲病死爲止。

大家都知道狗兒對人的感情是忠誠的。有句話形容人神情落沒是有如「喪家犬」，對喪家犬的解釋，有人說是家有喪事狗兒生活沒人理；有人說是「喪失了家」沒主人的狗。不管怎麼解釋，有主人養的狗，在牠的感受中一定不只是有「人」給我東西吃而已，而是感受到被人注意、被人關心、被人愛的感覺，一但被人所丟棄或說「背棄」了，狗兒難過的不是肚子餓了再也沒人餵了而已，及是否自行「謀生」，還有再也沒人關心、沒人愛了！我從中央大學校園中大黃狗眼中看到有盡的哀傷和落沒，步子緩慢零亂，我想那不只是肚子餓不餓；癲子癢不癢而已。以人來說，那已得了憂鬱症了，沒人關心沒人愛，沒有急著要回（可回）的地方，走那麼快幹嘛？

報上文章說看見小黑自行謀生，在河中抓了條「吳郭」魚，就我所知吳郭魚最早是海水魚，因被姓吳和姓郭的人發現所以叫吳郭魚，後來才淡水養殖成功的。「吳郭魚」怎輕易長在小河溝裡？莫非是魚塭養殖場，小黑在魚塭偷人家魚吃？還是作者在垃圾場邊，看小黑翻出了吳郭魚的魚骨頭吃？

爲什麼作者不希望所有養狗的狗主人不要再亂拋棄狗了？！像我家養過那條狗，長狗蝨、狗蚤了買專用洗澡用品洗；長癩子；腸胃病；乃至被人下毒……都帶去給獸醫看，沒輕易丟棄。還有願所有街頭流浪狗都能被人收養？！我願天下所有流浪的小黑、小黃、小白、小花……都能被善心人收養去！閩南語說：「狗來富、貓來起大厝」，風水寶地才有動物要來，好比燕子、麻雀來簷下築巢；看風水找一集龜來爬……。動物有驅吉避凶本能，既來之則安之！

說到感情問題。對養的動物要付出感情，對人也一樣。我從不吝惜於說出對童年的恩人、玩伴表達懷念與感激，不管他是否知道；對某配音、廣播人表示我欣賞他清亮嗓音、清晰口齒、一人配多角的本領，不管他內心對我眞正的感受；對見到的漂亮小姐說她好漂亮……我想得到什麼嗎？我只是在告訴對方他（她）有人注意，有人喜愛。也許我用以形容對狗狗的感情並不恰當。但卻是眞誠的！對某人最初是有點非份之想，之後昇華了，我好希望他幸福；希望他結婚、生子；甚至有天當上祖父。但如果有天聽到劉傑往生了，我一定會哭得想連我一起死了算了！這就叫感情。

怎奈我家頂樓是加蓋的

在現在這個社會裡幾近人手一隻大哥大，連小學生都有手機。我沒有，因爲家中人口簡單又都天天在家，我不良於行，難得出門也老的小的一起出門。在空中大學的同學裡多數家中有電話，繳作業查資料多是上網，只有我得七十九歲的老父親上書局把相關書買回家來影印上頭資料來寫作業。當初做夢都沒想到會跟什麼基地臺扯上關係！

當時這家招牌挺大的電訊固網公司，也是看上後，一次、兩次、三次、四次……總之多次登門要求我家才答應把頂樓租給他們，他們也強調是政府核發許可合法業者（我相信，因頂知名頂大的）也準許設基地臺。

出租後，那時還想得挺美的，當時所有鄰居頂樓都加蓋時，我們也向銀行貸款加蓋，想說如此可以早日還完貸款；可以存點自行出書的本錢；將我自閉兒子的圖畫出本紀念，如果有買者、有賺我可以捐相關機構行善；自己坐了輪椅、老爸近八十、兒子自閉症；留點積蓄給老人送終；自己後半生；我看不見的兒子後半生……。

其實當初剛得用輪椅代步時，我還有夢想，想的是將來在頂樓裝潢上錄音、配音設備，自行接些案子，請臺北知名配音員來工作，指點，自己也參著試配看看，當個有錄音室的配音員。成了大哥大基地臺？！也好啦！總算和說話沾上邊嘛！

而後被發現了，大家要聯屬向里長抗議，要里長向上呈報……當然還被說了許多難聽話。還有電視收訊受影響，手機聲音變小了，汽車經過也受影響……唉！無中生有，總之要基地臺撤走。

向大哥大業者反應。業者也說他們了解，這就好比臺電的電大家都要用，沒人肯住高壓電塔旁；垃圾人人倒，沒人要住垃圾場旁邊；人人會死，沒人要住火葬場旁……。

就我個人的知識所了解，手機有電磁波但現今人手一機連小學生都不例外，有人一月手機費打幾千塊，甚至四、五萬，一天到晚打手機和人聊天；甚至傳簡訊、拍照……功能要求越多越好，最直接的電磁波一點也不怕。還有，家中、網咖一天上網幾小時，甚至沒日沒夜，吸收多少電磁波？這些都和基地臺相關。沒有你們哈拉個屁？傳簡訊個屁？拍照傳照片個屁？上網查資料、網路聊天個屁？！

電視也有電磁波，否則怎用遙控器？大家是否有電視關掉後，經過電視螢幕前，覺得它帶電過？冷氣機也用遙控……你家有沒電動鐵卷門？怕電磁波以後用手推，別用遙控。別看電視；別開冷氣……連吹風機都帶電磁波，以後洗完頭在家和理容院都別用吹風機，可能嗎？還有7-11之類的便利商店每家都有微波爐也有電磁波，供客人熱早餐、中午便當；有些富裕人家也有微波爐，甚至只以微波爐煮三餐，那玩藝可是會漏電磁波，對男性精子甚至女子子宮卵巢都受影響，也會引起身體其他病變，是不是叫7-11都得關門，家中也不要用微波爐、退冰、做菜？

除了以上，醫院中的超音波也是電磁波吧？X光照多了也不好，生病時是不是寧可病死也不照超音波、X光？懷孕是不是不照超音波看胎兒是否健全，是否唐寶寶，是男是女？生到啥是啥，即便唐寶寶、或殘缺！

最近國際老在摔飛機，是否所有航空公司都得關門？因爲太危險！遊輪、船公司也要關門，因爲沉船、翻船可不得了！開車也會出車禍，會死人；搭火車，火車也會出軌，想想劉海若的例子。還有也不可走在馬路上及過馬路，因爲許多人都被車撞死！

那麼大家都過原始的生活就好了，不要電塔、基地臺，所有便利的廚具、醫療設備、交通工具不就最安全？

不吃飯會被飯噎死，喝水會被水嗆死。這是眞話，有人被年糕、麻薯、雞飩……噎死；喝水嗆入肺部……，不說了是否要因噎廢食、或餓死？反正武大郎吃耗子藥——吃也死不吃也死。

要沒有ㄐ地臺、牛地臺、豬地臺、鴨地臺……很簡單呀，全國團結一致一年不打手機、傳簡訊、上網，不就都沒了？就好比前行政院長謝長廷說：「全國消費團結一致一月不吃蔥，蔥價馬上就跌到一斤十塊錢了」可能嗎?這兩天蔥價可是一公斤四百塊喲!

最近新聞有一棟樓頂有十家基地臺，我向我家租戶說，他說:「怎麼可能?國內大哥大業者只有六家哪來的十家?」他並說選舉到了，這些政客拿拆基地臺做業績。里長要拆A基地臺卻留下B基地臺的大哥大號碼要人家打電話給她（里長夫人），我頂樓租戶說:「諷刺!」他問她「某處基地臺（縣政府樓頂）你怎不去拆?」里長夫人答:「不同里我管不著!」我家頂樓業者說，其實他們是政府核發證照合法業者，可以不理會抗議，不拆。但我家頂樓是加蓋的違建，所以人家也不想留下，打算拆走。我說:「這附近房子都是從兩層樓加蓋的……」大哥大說:「人家報政府來只會查你一家!」所以基地臺只有撤走了!不過這附近還有七、八個基地臺，只是沒被查覺而已。是呀，人口越稠密的地方越多各牌基地臺!

願從此光興里民都活千千歲、萬萬歲，活八百都不準給我死!眞是秦皇漢武今何在?

我有話要說

前些時候，綜藝祖師爺選擇自殺結束自己生命，新聞後續報導甚囂塵上。報導中某些點，使我有些許感觸，但因時機敏感，本人也不愛八掛，所以暫且沒說。

當報導在遺體旁遺物中找到的紙條重覆寫著：「……恩典夠用……」我到曾經也有人跟我講過相同或說類似的一句話，雖然有著天主教（舊教）和基督教（新教）之分，會有「A miss is as good as a mile.」但畢竟用的是同一本聖經，只是不同版的中文翻譯而已。

我當時根本聽不進去，心想：「什麼恩典呀？爲什麼我感受到的是比別人活得困難、辛苦？爲什麼是我腦神經麻痺，不是其他人，甚至多數人？爲什麼是我跛（當時能走）而不是您或他？還有，是因我是『小人，所以長戚戚嗎？』我也想當個『事無不可對人言』的人，偏我的身世背景『妙不可言』！……等」又，因爲人有原罪所以天生就是要來受苦的嗎？爲何我得分擔較多苦？若回答我：「還有人比你更命苦」那麼，「爲什麼？世上的苦、樂分佈或讓人分擔的那麼不公平！」

所以我大膽的臆測，他重覆寫的「恩典夠用……」當寫第一次時用意是在說服自己；第二次寫已成得畫驚歎號的吶喊了，第三次句末應是問號了，他問恩典在哪兒？最後他自殺了，而且是在偏僻的地方自殺，他大概想就此消失掉，他不希望那麼快被找到，甚或永遠找不到，讓自己的消失成爲一個傳奇。死前他已經什麼宗教信仰都沒有了，因爲不管任何宗教都是反對人自殺的，以基督信仰來說，是「只有上帝才能決定人的死期」不是嗎？而其自殺後果……，以佛家說法：「今生所受磨難是前世業報，阿賴耶識能動能藏，死後來世你還得受相同磨難，因相欠的債還得還，甚至更苦，因爲拖更久，要利息。」

當媒體報導有人說他拜撿來的四面佛……拜了三面少拜了北面出問題……有人自稱見到他死後以腐化不勘的樣子現身……等。我知道道教是有來歷不明神像久被丟棄，眞神已離，神像已被邪魔附上；神像要開光，就我所知新刻完成要在其中關一隻蜂……等。但有什麼樣的人夠格給佛開光？我剛認識佛教不久，認得的佛像、菩薩像不多，只知釋迦摩尼佛；大智文殊菩薩、大行普賢菩薩、大悲觀世音菩薩、大願地藏王菩薩……還有彌勒菩薩。而大乘佛教，小乘佛教不盡相同，我不知四面佛是怎麼回事，是何位佛、菩薩，但就我所知千手千眼觀世音，在中原顯教有九個面，藏傳佛教是十一個面，人得拜祂哪一面？又，千手千眼只是人觀想出來的法相，是說祂千處相求千處應，甚至萬處相求萬處應、八萬四千多手，八萬四千多眼，我想現在世上人口那麼多，隨便一個樂透獎就有幾億，甚至十二、三億，兆處相求觀世音也要應，而且觀世音普門品還形容祂有三十多個化身。觀世音還可男可女，女神法相有魚籃觀音、淨瓶觀音、騎龍……等。所有菩薩都可化身千萬個，佛祖四十八願渡衆生，也非成佛就不再來，如來佛祖就是「如來」也「如去」來去自如的渡化人。所以佛家任何法相，就好比基督教的「耶穌處處都在」您管佛像、菩薩像有幾個頭、幾個面、幾隻手、幾個化身，一切只是人觀想出來的，人雕的、人塑的、人畫的。

也許有些其他宗教人士會認爲佛教是個偶像崇拜的宗教。但我記得有位禪宗的高僧就把舊佛像拿來燒來冬日取暖，有其他師父見了問他怎可如此？他說他在拿佛像燒舍利子。對方說：「木雕的佛像怎會有舍利子？」那：「既非眞佛，爲何不能燒了取暖？」。說到這不禁想到在我還認爲自己任何宗教時，遇到過一位原住民計程車司機，車上沒有掛任何護身符或幸運物。他一路一直跟著我聊他不帶十字架，只翻聖經，有人帶十字架，但司機先生只說：「十字架只是釘死耶穌的刑具而已。」當時我只一路聽而已。

這不禁使我想到曾有位比丘尼收集了許多佛、道教，甚至是基督信仰的聖母像、十字架……等。被房東掃地出門的新聞。覺得這比丘尼好迂，不懂萬法唯心造，執著於一座座神像上。我不是不拜佛，而是「像」只是幫助我們觀想的模範而已，「像」很重要，我記得南張北溥的溥心畬，在其母親忌日時都會劃破手指以自己血和硃砂或墨汁寫心經和畫觀世音像求母親來世之福的。

至此我又想到前兩天，我見減肥門診的營養師掛著一個閃閃發亮的十字架，我只想讚美它：「好漂亮」而已，不想引來一陣否認掛它是因為信仰的言語。我只是習慣很誠懇的讚美或告訴人他（她）的美好及長處而已。若她信仰卻否認，我要是基督，我會很傷心的。同時我也想起那位原住民司機的話！

我想，營養師小姐也許是在顧忌我說過的困擾，顧忌我的心情，怕我敏感吧！其實我及兒子受伊甸基金會的幫助；記得敏盛的院長也是基督徒；記得佛光會捐過輪椅給伊甸；記得慈濟大愛的證嚴上人說過她慈濟醫院有位信基督的醫師跟著到回教國家做義診時說：「我在佛教團體中工作，信的是基督教，現在救的卻都是回教徒，眞是有趣。」……我還記得伊甸也曾幫一名回教國家的鋸腿的小男孩來台做義肢，並交給台北伊斯蘭教團體照顧直到他回國，時代不同了，不再是十字軍東征的時代了。

信佛後我不再反對誰。之前六字大明咒只曉得念，前不久那位父母是西藏人，但出生在桃園大溪的轉世活佛返台，上些電視，我聽他說才知：「嗡」唸時要閉一下唇，代表天道，「嘛」是修羅道，「尼」是人道，「唄、昧、吽」分別是下三道，唸：「嗡嘛尼唄昧吽……」意思是超度六道、超度六道……，並不是在為自己求什麼。好比唸完經時，做完善事時說句：「願以此功得，迴向給衆生」意思是一樣的。所以我不反對誰，困擾的是一定要我信某宗教，不可信其他教，困擾的是白天晚上有人輪翻上陣說個沒完的聲音；信件、稿件都被公開，的事。

至於鬼魂現身，我不信，我向來聽到都是人聲，視力不好沒見過。而白天陽氣重，你又是個陌生人，且活人有陽氣，再說現形不以常人模樣而以腐化的模樣……？說與他親人揪心的而已！

還有，已成牧師的大饅頭向死者母親說：「他現在只是睡著而已。」時，我想，睡著？要睡到什麼時候？耶穌再來？耶穌什麼時候再來？佛教雖也有著彌勒信仰，彌勒未成佛前，一個人死後中陰身七七四十九天之內依其功過就解決了，而且越早走越好，三七之前投上三道，甚至一死就上路往生極樂，超過二十一天就當不了人。所以告別式中有多人唱「望你早歸」。

別信算死命

您相信算命嗎？若相信，您有沒有想過你相信的是算死命或者算活命？

年輕時的我很相信算命，應該說是相信算死命。相信凡事一切由命定。好比相信手相、面相的什麼地方長怎麼樣就是怎麼樣的命，在看到自己有好的相，自然高興；若看到不好的相，就耿耿於懷，難過、怨嘆、遺憾……。雖然常聽人說：「相是由心生，人的命運是可由自己心志和努力所扭轉……」之類的話。自己也常如此對別人說。但內心眞正想的是：「一個人生就了什麼樣的命，就是什麼樣了，很難改變。」這般的話。

也許得小時候曾經在電視上看過一則范仲淹的故事。故事大概的內容是：「范仲淹是名好官、清官，先天下之憂而憂，後天下之樂而樂，可以說爲國爲民積了很多功德，但很不信邪，不信有風水之說，不相信風水師告訴他的話，非要把祖墳風水做在非常不好的穴位，但當他祖墳修好之後，馬上發生大地震，地型變動，風水地理師一看，他家祖墳卻變成上好的百鳥朝陽穴（還是百鳥朝鳳穴）……」而我認爲這故事只在勸人多多爲善積德，還有就是不要迷信。一點也不相信這是眞的。

長大後，相同內容不同版本的「了凡四訓」看過好幾本，也都認爲，那只是勸人爲善的善書而已，內容是個編造的故事，不是眞的。還是相信死算命，認爲命運是改變不了的！

對於不只一次聽某些人說：「修行之人的命是算不準的……」的話，我心裡也說：「算了吧！」

還有，聽趙寧博士不只一次說：「一命、二運、三風水、四積陰德、五讀書，是改變命運的方法……。」也在報上也看過雨陽居士說過相同的話，只是次序有些不同。都想：「聽你臭蓋！」此刻想來，眞不好意思。

但在我成爲三寶弟子之後，一步步由淺入深的了解佛法，「自知」平凡的幾近庸碌的我，雖知自己很笨，不是讀書的料，起心再拾起課本，把原本已經放棄的空大學業，重新開始。我知道我很笨，可能終究畢不了業，就算有畢業的一天，年近四十的我，只怕到時已五十、六十，甚至更老，所學已用不上。但我想今生用不上，我還有來生，我聽同樣信佛的同學說過：「好好學，今生學會的東西，來生再學起來，就會輕鬆許多，一學就會，學的比「初學」者快……」，「那不是比別人早學會的來世的我就比別人早一步用上所學，早一步服務人群？」我心中這麼想。所以我就不管三七二十一，再讀起書來。若非相信有來生，我生有涯而知無涯，以有涯思無涯，殆矣！

而就在最近，我發現原本雙手姆指第一、二節間都只有一條線的我，卻發現右手拇指一、二節間那條分格線下又隱隱約約出現了一條弧線，有形成一個人說比較聰明、能幹、會讀書的夫子眼出現。我想出現在右手姆指，是代表「後天」的意思吧？這表示我至少空大學業是能完成的吧？眞希望早一天完成。這樣的情況，我想都不敢想，相信死算命的我若不是事情發生在自己身上，我也不敢相信！我的命運改變了？而且在手相上預先告訴我！

想來相信某種信念，就會產生一種力量吧？我相信有來生所以我起了再讀書的念頭。而若我只相信死算命，認爲命定我不是讀書的料，手相也就照我心裡認定的沒有「夫子眼」了吧！最主要的，會有如此改變，是我發心的是我來世要服務衆生的善念，才產生了如此力量。

是的，善念很重要。今生還沒有賺過錢的我，沒有辦法齋僧供佛、佈施濟貧。但自從信佛後除了自己時常念佛號之外，看到報章、電視，有人因種種因素往生了，我都會替往生者念念佛號，迴向予他（她）或他們，無論往生者是否信佛，我都念，雖然我不能到場助念。而我這麼做，只是眞心希望人家能往生極樂或投生善道，一絲都沒想到自己想得到什麼，或認爲是在修功德。也許就是這份善意產生了某種力量吧！我會繼續這樣子希望往生者都往生極樂。也會努力學業，希望有天我也能夠賺到錢，做眞正的佈施！

南腔北調大會串，趣味橫生

多年前因為兒子自閉症、發展遲緩，有位伊甸志工小姐來輔導我們如何就醫、上復健課、辦殘障手册和社會補助。有天她再次來訪，聊到她還未婚⋯家父說她看多不正常的小孩，要結婚生小孩不容易。可是小姐就是聽不懂，在家父重覆幾次後我趕緊做翻譯，因為家父的河南口音說的是「不容（ㄩㄥˊ）易」。

其實只要留心，會發現其實閩南語發音也是「不容（ㄩㄥˊ）易」只是通常說話閩南話會說成「不簡單」只有唱戲時為表現文言些會說「不容（ㄩㄥˊ）易」，記得有專家說閩南語沒有咬唇音，也就是F、ㄈ的音；也沒有ㄩ的音，現在看來這專家不懂閩南話！閩南話：勇（ㄩㄥˇ）、雄（ㄩㄥˊ）；還有，不允許、不容忍時說「不容（ㄩㄥˊ）允（ㄨㄣˊ）」都有ㄩ的音在。

說到了閩南語、河南腔，就想到我國許許多多的南腔北調的方言，據最近的快遞廣告說有兩百多種。然而在中國，一個時代的方言也許是另一個時代的國語或官方語言、主流語言、普通話。懂中文的大概都知道，古代作詩除了講究平仄、押韻，還重視聲調，但是現在的國語已經沒有平、上（ㄕㄤˇ）、去、入的入聲了，現在四聲的第一聲、第二聲是陰平、陽平；第三聲是「上（ㄕㄤˇ）」聲；第四聲是去聲；而入聲字只保在部份古老方言，通常老師在講課時都會叫我們把「竹」、「屋」、「國」…等字用閩南語、客語等方言發發看，以及「青山廓外斜」這句詩的「斜」字要念（ㄒㄚˊ）才有押韻；還有，木蘭詞中的「…朝至黃河邊，夕至黑山頭…」也有老師要求念成：「黑（ㄏㄜ）山頭」這些都像是方言發音（一說古音）爲的是詩、詞的押韻和聲調。可見古時用的不是現在的國語。

方言除了有些字發音和國語不一樣；有些話的遣詞用字和國語或方言與方言間也不一樣；方言除了保留古字音外；有些甚至遣詞更接近文言文、更優雅，且漢字都寫得出來。

字同音不同的字最常見的字是我這個字，「我」山東人說「俺」；客家人說「倨」；山西人說「ㄜˋ」；閩南語發音國語注意拼不出來，我又不會羅馬拼音，發音相似「ㄨㄜˇ」，大概如日文說的濁音，像是「肉」的這字國語是「ㄖㄡˋ」；閩南語是「Vㄜˇ」「V」是啥？是英文字母「V」。像「牛」國語是「ㄋㄡˊ」河南話叫「ㄜˋㄡ」，我之所以會發，大概原自於閩南語「ㄜㄨˊ」的字音吧？！還有「喜」字，據安徽老鄰居說他們說「ㄙˇ」，過年說恭「ㄙˇ」、恭「ㄙˇ」在外省份的人覺得觸眉頭；而閩南語說「喜」是「ㄏㄧˋ」，您用國語發音也是「死」！…因此有些省份會因爲某些字音在他們說來是不吉利的而變別的字，最常見的是廣東話，記得有一年過年在報上看到影星楊紫瓊拿的拜年春聯不是「萬事如意」，而是「萬事『勝』意」，大概「如」廣東話說起來像「輸」；還有「舌頭」的「舌」他們說來如

「蝕」、「賒」，所以「舌頭」廣東話叫「利頭」；最近我還知道豬肝的「肝」跟乾同，所以「豬肝」叫「豬潤」，這跟閩南語「肝」音同「官」反而是吉利的，正好相反！另外，據說廣東話「祥瑞」的「瑞」說來像「睡」，本來逢年過節、逢喜慶事中國人舞的是「瑞獅」但清末時外國說中國是一頭「睡獅」，是　國父孫中山把它改成「醒獅」，所以後來有「兩廣醒獅團」、某某醒獅團……等。

說到一個字不同省份、族群發音不同，我就想到一個我自以為的客家話把對呀！是的說成「ㄘㄨㄛˋ」給人一種把「對」字念成「錯」的感覺，其實各人以為他們說的是「著」字，「著落」的著，我是看唱戲想到的，京劇中的人想到對方、是了；對方說對了，會說「著呀！」甚至「著、著、著」。還有閩南語說對不對的對也是「著」念「ㄉㄡ」（閩南語有八聲無法標示），而在說「雙雙對對，萬年富貴」時「對」是念「ㄉㄨㄟ」，又比方罵人：「無，你是著猴」沒人會寫成「對猴」吧？著（ㄉㄡ）是著（ㄉㄡ），對（ㄉㄨㄟ）是對（ㄉㄨㄟ）！

說完每個字都各省份、各族群發音不同，拿「我」字來說，山東是「俺」、山西是「ㄜ」客家是「倨」…等，到了河南個人覺得是「窩」，我永遠都記得多年前才六歲的姪兒從香港打電話回家和我通話時說的「窩挺不東妮低划」是「我聽不懂你的話」啦！至此我不得不佩服起秦始皇的「書同文」讓彼此話雖天南地北說不通，把字寫出來就能溝通了。

雖然彼此的用字遣詞不禁相同，但只要認得字、詞夠多就都能懂得。先以熟悉的閩南語來說，「隨便」正確的字是「請裁」是君裁奪，我沒意見的意思，而不是「青菜」；「對不起、抱歉」是「失禮」；洗澡除了「洗身軀」記得小時候媽媽的話都是「洗浴」，「浴」讀（ㄜ）的音，「浴室」則叫「浴間、洗間仔」，而不是日文式的「風呂間」；說東西很有彈性、很有韌度、口感說「Q」。其實寫成中文是「遒」字；說到東西，記得在電視到有節目把妯娌的閩南語說成東西，然而我得到的資訊是跟蘇東坡形容一朋友怕老婆，說他怕家裡的「河東獅吼」…後來閩南語中把兄弟的妻子叫成「東獅」；而婆婆被叫「大家」是因為班昭因文、史上供獻良多而被稱「曹大家」，所以婆婆叫「大家」；相對於「大家」公公就被叫「大官」了。閩南語，或者許多方言都許多詞彙給人很文雅、文言文似的感受，連罵人都文雅，罵人缺德；罵人短命鬼，叫「夭壽」，真的很文雅。

同樣的，據我所知的河南話在用字遣詞上也很多不同於國語及其他方言。像物品掉地上了，不說「撿起來」而說「拾起」；東西遺失或不見，不說「找找看」而說「尋尋」或「覓覓」，不禁使我想起李清照的那首詞：「尋尋覓覓冷冷清清淒淒慘慘慼慼」的十四個疊字，而東西找不到會說「尋求不著啦！」、「覓不著了」；還有「這邊」說「這廂」、「那邊」說「那廂」；害羞、害臊、怕生說「嫌醜啦！」；饅頭叫「饃」，其實包子、花捲、烙餅、燒餅…都叫饃！包子叫「菜包饃」、「肉包饃」，花捲是鹹饃，烙、煎的麵餅叫烙饃，火烤的燒餅叫火燒饃…，遇得意、成功的事說「可美」，舒服、爽、暢快也叫「美」、「真美」，好比說：「我這椅子釘得可美」，「挖脊樑趕吃飯還美」意思是「抓抓背比吃飯還爽！」；感覺、覺得叫「覺摸著」如「我覺摸著不好吃！」；頭叫「蒂腦」；胸是「殼朗」；膝是「搏攋蓋」；掃把是高粱細莖扎成叫「條柱」，那高粱細莖叫「條」；廚房叫「鍋屋」；自己一個人叫「獨鍋窩」是「獨自個兒」的意思；追、趕叫「輾」唸（ㄓㄢˇ）；好比：「輾不上了」是「追不上」；減去叫「刪」，比方「雞蛋用三個就好，刪一個」；麵太多了刪一點；不要太多「不要好些」；深、伸都讀（ㄕㄣ）；還有個字我找不到漢字，相當「他」，像「給給ㄋㄚˇ」是「拿給他」，「ㄋㄚˇ們說的」是「他們說的」；小孩」不只四川叫娃，河南也叫娃；生叫「膪」，生個小孩叫「膪個小娃」，而小狗、小貓、小雞…叫「狗娃」、「貓娃」、「雞娃」…。很多例子，不只是說話腔調不同於國語，用字遣詞也不一樣！生叫「膪」不知是否和佛祖從母親右膪出生有關？

河南話也有兩句罵人話，傻瓜叫「ㄒㄢˊ球」。而自以為神氣、能幹、了不起叫「聖蛋」，相當於閩南話說的「臭屁」，有時會說一個字，比如「你瞧他聖得！」，「聖，你再聖嘛！」奇怪，聖明明是好字，怎麼成了壞話？

在臺灣不可能不接觸客家人、不知道幾句客家話，尤其前夫是客家人，他不會客家話，但他母親會。所以我知道今天是「今本日」，明天是「天光日」；謝謝是「承蒙您」；波菜，葉子有稜有角叫「角菜」；茄子是吊著長，所以叫「吊菜」；南瓜閩南語叫「金瓜」，我問過我前婆婆客家話怎講？她不識字，邊說邊笑，因爲說來像閩語的「憨瓠」，後來在報上看到專家文章，才知寫來是「王莕」二字……，還記得有位空大面授老師說現在的炒菜鍋，閩南語叫「鼎」是周朝前的中原人；客家人叫「鑊」是隋、唐時的中原人。

我想到同一種東西，不同地域卻有不同名稱。像前面的南瓜，除了閩南語叫「金瓜」、客語叫「王莕」、在北方叫「倭瓜」；同樣的，「老鼠」有些地方叫「耗子」；鱉，北方叫「甲魚」；還有，我記得滷白菜裡的「蛋酥」閩南語其實叫「蛋臊」，是肉臊替代品吧？而「臊」字除了讀（ㄕㄠˋ），也是「害臊」的（ㄕㄠˋ），而拌麵的菜或肉切成了（ㄕㄠˋ），原本國語要念成「肉臊（ㄖㄡˋ ㄕㄠˋ）」的「臊（ㄕㄠˋ）」「臊子麵」有人就寫成「紹子麵」了，雖然我沒吃過「ㄕㄠˋ子麵」！

國語、方言或口音，加上生活方式的不同，用字遣詞不同，同一種事、物不同說法名稱；或不同事物發音相近，就產生許多笑話。記得小時候就常聽到一則：「有一人香港腳去看醫生，病人說：『腳（ㄐㄧㄡˇ）癢，腳癢』醫生聽成『久仰、久仰』而說『那裡、那裡』病人舉起腳來，指著腳掌說：「這裡、這裡」；我也聽長輩告訴過一則笑話：「河南人把『頭』叫『蒂腦』，大概江浙一帶把『那裡』也叫「ㄉㄧˋ ˙ㄋㄠ」。有一河南人頭痛去看醫生是江浙一帶人，醫生問：『ㄉㄧˋ ˙ㄋㄠ疼？』河南人說：『是的，蒂腦疼疼！』就這樣『ㄉㄧˋ ˙ㄋㄠ』來『ㄉㄧˋ ˙ㄋㄠ』去沒完沒了」；還有一則笑話當初拿來說「相聲」的段子：「河南人喝麵粉水煮成湯配饅頭吃，也可光喝『麵湯』，一河人南下辦事、做生意什麼的，夜晚來到上海，投宿旅店，趕了一天路又渴又餓，雖然夜已深，想喝碗「麵湯」：可是上海人把洗臉水叫「面湯」，於是河南人告訴店伙計來點「麵湯」，伙計端來了一盆洗臉水，心裡還想這客還眞愛乾淨；住店人則心想這旅店還眞講究，要喝碗『麵湯』還得先洗洗臉？洗完臉客人還是說：『麵湯』，伙計想：眞愛乾淨，洗了一道又！伙計再端『面湯』，客人再洗一次臉，再要一次『麵湯』，而伙計再端『面湯』⋯⋯都想著：怎的，這臉得一洗再洗？」我想如今大陸都用簡體字，寫、說都是「面湯」就更沒完沒了啦！

還有一則眞實的故事，是我前婆婆說的。以前我前婆婆就說過她年輕住家隔壁住著一戶福州人，每天傍晚就聽得那家太太喊：「阿ㄇㄧˋ啊！阿ㄇㄧˋ啊！ㄙㄟ ㄌㄨㄥ喔！」有天我前婆婆就忍不住問了：「你每天說的都是啥？」我叫我女兒「阿綿」洗澡，「阿ㄇㄧˋ」是我女兒名字；ㄙㄟˊ ㄌㄨㄥ是洗澡。」福州太太解釋著，我前婆婆說：「客家話ㄙㄟ ㄌㄨㄥ是女婿（小郎），原來福州話洗澡叫『ㄙㄟ ㄌㄨㄥ』啊！

說到這我不禁想起我以前上的一些課老師說的方言和國語之間的笑話，及國語發音不標準的笑話。之前說過閩南語、客家話說：「對是對，著是著」，想到的以前上配音班有位老師說：「山東人把『對』字唸ㄉㄟˊ。所以山東腔說：『對ㄉㄟˊ念ㄉㄟˊ就ㄉㄟˊ了』！」最近我才知道河南話跟山東話差不多，唸（ㄉㄟˋ）。還有一位教廣播及配音的周楷老師也說過兩則發音不準的笑話。其中一則是老師一位朋友ㄋ和ㄌ發音分不清，所以「料」跟「尿」發音分不清，大夥一塊吃火鍋時，吃到一半，他會來一句：「要不要再加尿？要加自己加，尿還很多。」；另一則是周老師自己編的，給我們上課用，以臺灣國語比方：「有位朋友從臺南來，相約見面：「老周呀，我們一點半在臺ㄙㄨˋ門口見面。」「好！」結果從下午一點半等到凌晨一點半都等不到人，雙方再通電話：「喂！你怎麼都沒來呀？」對方答：「我也等不到你！」，「你在哪裡等呀？」，「臺灣塑膠呀！」「唉，哭么啊！ㄙㄨˋ臺灣電視（ㄙㄨˋ）啦！」說到這筆者就想到，很多人會知道臺灣國語會把「是」、「視」念成（ㄙㄨˋ）但很多人不知道「塑」是念（ㄙㄨˋ）是「塑（ㄙㄨˋ）膠，雕塑（ㄙㄨˋ）不讀（ㄕㄨㄛˋ）；月亮有「朔（ㄕㄨㄛˋ）有望」才叫朔（ㄕㄨㄛˋ）。

國語和方言，發音不準等情況很有趣。也早在卡通配音上用上，像卡通裡「雞與牛」中「牛」的配音員就把牛配上上海腔（在卡通頻道），同時她也把櫻桃小丸子和蠟筆小新配得有點「臭奶呆」咬字發音不清，只不過一是小女孩聲音，一是小男孩聲音，有一次我還發覺把小丸子奶奶配上山東腔，還有小丸子南島遊記時的說唱藝術表演：「…聽說那老包要出京，忙壞了宮中東西宮，東宮娘娘烙大餅、西宮娘娘包大蔥！…」她把樂器聲也給配上了。現在已很少聽見她的聲音，不過小新、小丸子播舊片時還可聽到，不過在「CN卡通頻道」常聽見。聽說她遠嫁香港了，我倒是在去年在大陸三個月時常聽見她的卡通。還有一位配烏龍派出所阿兩配音員，把阿兩的閩南語、國語發音都道地標準；有一回我在迪斯尼頻道看到他配一個由狗變人的角色，裝了不少方言口音。

還有，大陸地方那麼大更是大玩方言口音遊戲，有一回他們把衛斯理電視劇中一名退休的強盜頭子配上山西口音，我還疑問：「不是山東才出響馬嗎？」後來我才知道除了山東腔太多人玩了，像香港的光頭麥加電影都配山東腔，愛配成山西腔，就是在大陸有位大腕演員葛優在一電影中用了山西腔，因而大夥都愛學他說：「菊紅（ㄐㄩㄏㄨㄥ），ㄜˋㄞˋㄋㄧ」外，有個叫武林外傳的電視劇，客棧老闆娘也講山西腔，臺灣也播過。

見識過死亡真相，希望自己死後立刻飛灰煙滅

近幾年來信仰了佛教。看了些自己買的佛法相關相關書籍、旁人贈閱善書；以及在空大人文學系時修有佛學、禪學、禪詩…相關學分，於是自以爲很豁達。至少在生、死上是看得開，不害怕！

然而，在不久前的一個下午看到電視某個節目名稱叫：「怎麼異回事」的由大陸拍的影片，當天節目是在探討一具由安徽出土的三百多年前的女屍，我是看過後才慢慢在內心發酵出震撼力的！這節目還探討過四川有一回天上似出四個太陽的情形。

這集探討的女屍，面容經過初期的腐敗已模糊、張大著嘴、口中幾顆稀疏且東倒西歪的牙齒；女屍像是富貴、甚至是達官人家家眷，壽衣是一件胸前有「補子」的朝服；陪葬有刻著祝福及吉祥字眼的金飾；足部是纏足的；然而，脖子上一個大大的「丁」字型、或說「T」字型傷口！

奇怪的是死者身上朝服「補子」是獸紋！而根據清朝的規制，臣子朝服上「補子」文官是禽紋、武將是獸紋，但女眷朝服，無論文、武的夫人、眷屬都是「禽紋」才是。怎的「她」朝服上「補子」是「獸紋」？……最後專家們歸納爲清初初規定還不明確，規矩大夥不清楚，才把「她」穿上「獸紋」「補子」。

而「她」是誰？又爲何脖子上有「T」字型傷口？有說「她」是早年皇帝下江南時地方官員找來陪皇帝的女子，過後怕洩密，私下處決；又一說此類女子是被宮中皇后知道了才派人處死，而因是「皇上」的女人，所以死後厚葬；也有另一說，說「她」是乾隆的「香妃」！但「她」有一特徵使看電視的我在節目還未探討前就知「她」不是香妃！

至於「她」是不是皇帝遊江南「臨幸」過的女子？應該不是！因爲推估她死亡當時年紀應在四十多。給皇上找臨時侍寢女子，起碼在十六、七、八歲，頂頂多也應在二十出頭才對，萬萬不會找四十多的。再則臨時找人侍寢，過後背地裡殺掉，無論皇帝親爲或過後皇后爭寵所爲，看電視的我都覺不可能。清初皇帝…不，是任何一朝皇帝都不會呆得在百姓面前做出「好色」要求，即便昏君也在宮裡玩就是，出門遊江南，如隋陽帝，不會自己船上帶？再者后妃爭寵，弄死皇帝外面的女人，皇帝會不問罪？

然而我早知「她」不是乾隆的「香妃」！眞正的香妃埋在京城皇陵裡，家鄉還有衣冠塚。也有另一說，「香妃」死後，屍體是眞運回新疆的家鄉了，家鄉不是衣冠塚。我早知她不是香妃的原因是因女屍她纏過的雙足！纏小腳是漢族女子的特色。說到纏足，我知道是把腳掌前四趾先窩下纏起，只保留大姆趾，過陣子再把腳骨部份也窩下捲起，尋序漸進，最後女子腳只剩姆趾和後跟的腳底，腳掌因窩捲起的掌骨部份，腳掌是弓起鼓得高高的。而女屍腳掌只見腳姆趾尖尖的，是纏足，是漢民族女子。滿族女子天足，朝服是穿花盆鞋；新疆女子是打小學騎馬、跳舞（胡旋舞…之類的）更是天足才行，穿的鞋則接近現代人的馬靴。香妃新疆人，是不是維吾爾族？個人知識淺，不知道！但新疆民族那麼多，香妃總不是漢人吧？！其他民族也都是騎馬打仗的驃悍民族，男、女都得從小騎馬。

說到纏足，纏足之始公認說法是始於南唐李後主寵姬窅娘。之所以至清朝漢人女子還纏足，是因爲清初滿人入關後要求中原漢人改變數千年來畜髮梳髻習慣，得把耳朵前頭髮剃了，後頭留辮子，漢人反抗，但「留髮不留頭；留頭不留髮」漢族男子爲保命只有照做，但因而有了更大的漢民族文明、文化、教養、禮教的執著，因此更要漢女子保留纏足，叫「男降女不降」。然而「身體髮膚，受之父母」而女子的「肌膚」，甚至是骨頭，不也「受之父母」？應該比男人的「髮」更不可毀傷！禮教不一定全都是好的，文化不一定都是對的，甚至文化不等於文明！有些人罵中國人醜陋；吃人禮教；罵儒家…其實纏足不干孔老夫子的事！是後來演申其思想的腐儒，加油添醋！

然而那女屍有一點，也是令人最不堪的一點！就是屁股下有一段東西像尾巴，也是那段東西讓不明究理的人懷疑女屍是「香妃」，那段東西是別人沒有的香囊。結果那段東西是因爲，初期腐敗時，腹部膨脹起來，因腹壓高而凸出腹腔外的直腸，也就是「大腸頭」！湖南的馬王堆漢墓的女屍也是如此！什麼「香妃」？幾位專家說他們趕到現場，「她」已經發臭了！而多少陪葬物都被當地村民搶了，是「官員」們要求歸還才還了那朝服和刻有吉祥話的金飾。我想那女屍當然臭！腸子裡的東西本來就是臭的，加上死屍的腐敗！只是我沒想到那麼不堪……

至於女屍脖子上「T」字型傷口，專家說是皮膚皮革化後自行裂開的。然而我懷疑是不是「她」下葬後脖子上戴有什麼寶石或金項鍊的，百姓動手搶時，一時拽不下來，用什麼利刃割取，劃開成口子的？

那節目在看的當時並沒有感到特別害怕，是在過了好陣子的一個獨眠的夜晚，我想到女屍模糊掉的臉（五官），張大的嘴裡稀疏且東倒西歪的牙；漢墓馬王堆的女屍也是因初期腐敗而嘴成歪的；又想那女屍脖子上的「T」字型傷口；還想「她們」都有「大腸頭」脫出的情形…，想原來死亡的眞象是如此不堪！那心情…也不是怕鬼；也不是怕死，只是覺得好恐怖！想到曾有人告訴我被丟入大溝的死豬，肚子脹得跟汽球一樣，漂在水流中…想河北香山的老太太肉身未腐的乾屍；想肉身菩薩；想自己初信佛時，曾許諾自己往生後要捐出大體供醫學研究的話；想木乃尹、乾屍、肉身菩薩其實看來都怪恐怖的！想也許死亡之後可能什麼都沒有，沒天堂、地獄，六道輪迴、極樂世界⋯⋯。心中最大念頭就是自己死後絕不讓人見到死相，不讓人見到恐怖、嚇人的樣子！還想可不可以不捐大體？可不可以儘快研究、解剖完，快快燒了？難怪信回教之人要人死後當天就埋！蘭嶼原住民非常怕屍體！我往生後遺體也不要被看見，連殯儀館冰櫃我都不想被放，也不要埋了慢慢腐化，拜拖，馬上火化後撒大海裡！恨不能灰飛煙滅！！（魂不魂，有沒有意識存在，七識、八識有沒有？不重要！）